El arte de gestionar conflictos en la vida y en la empresa

El arte de gestionar conflictos en la vida y en la empresa

El método Nonflict

AMIR KFIR
y
STEPHEN HECHT

Traducción de Rodrigo Cerda

conecta

Los libros de Conecta están disponibles para promociones y compras por parte de empresas, en condiciones especiales para grandes cantidades. Existe también la posibilidad de crear ediciones especiales, incluidas ediciones con cubierta personalizada y logotipos corporativos para determinadas ocasiones.

Para más información, póngase en contacto con: edicionesespeciales@penguinrandomhouse.com

Título original: *Nonflict. The Art of Everyday Peacemaking*
Primera edición: junio de 2017

amirkfir@gmail.com
shecht@millionpeacemakers.org

Printed in Spain – Impreso en España

ISBN: 978-84-16883-02-8
Depósito legal: B-9.876-2017

Compuesto en M. I. Maquetación, S. L.

Impreso en Black Print CPI Ibérica
Sant Andreu de la Barca

C N 8 3 0 2 8

Penguin
Random House
Grupo Editorial

Índice

¿Qué es Nonflict? A lo largo de los dos años que consagramos a la escritura de este libro, no se nos ocurría una palabra que describiera un conflicto una vez resuelto... hasta que dimos con el término «Nonflict». Fue un momento crucial que nos provocó un gran entusiasmo dada la dificultad de formular adecuadamente qué supone la resolución de conflictos.

De modo que Nonflict® es el neologismo acuñado para expresar nuestro concepto.

Introducción

¿Te preocupa algún conflicto en tu vida? ¿Evitarlo hará que desaparezca? Si decidieras hacer esto, ¿qué ocurriría si la situación empeorara? ¿Cómo puedes aproximarte a tu pareja cuando está enojada por algo que no comprendes? Y lo mismo puede suceder con tus hijos. O tal vez vives un conflicto crónico en tu entorno laboral que convierte el trabajo en una experiencia estresante. ¿Cómo puedes afrontar el conflicto sin lastimarte a ti mismo, a tu entorno laboral o a tus seres queridos?

Estamos seguros de que este libro te proporcionará respuestas a estas preguntas. Basta con seguir los tres sencillos y eficaces pasos del método Nonflict para entender el conflicto subyacente desde los dos puntos de vista y, de esta manera, resolverlo junto con la otra persona, cocreando y transformando el conflicto en un Nonflict.

Compartiremos experiencias personales y otros ejemplos reales, acompañados de ejercicios que te ayudarán a aplicar conceptos de resolución de conflictos a tu vida cotidiana. Y, a lo largo de estas páginas, verás que los conflictos son en realidad oportunidades ocultas y aprenderás a emplear el método Nonflict para resolver todo tipo de conflictos internos: entre personas o grupales, y también conflictos a mayor escala.

El método Nonflict se inspira en la labor de pioneros que nos han precedido en el campo de la resolución de conflictos, el coaching, la terapia de pareja, la psicología afirmativa y la gestión del cambio, y es el resultado de nuestro firme deseo de ayudar a las personas a encontrar una forma constructiva de enfrentarse a los conflictos en vez de recurrir a las destructivas opciones que se han transmitido de generación en generación desde los remotos tiempos de los cavernícolas con sus garrotes. La única diferencia hoy en día es que disponemos de garrotes más grandes y contundentes.

Amir Kfir, psicólogo organizacional desde 1988, ha sido consultor de empresas en diversas etapas de conflicto. Por su experiencia como veterano israelí que ha servido en dos guerras, conoce bien los costes que conlleva el empleo de la fuerza en un conflicto, y espera que sus hijos puedan vivir en el futuro sin la necesidad de recurrir a ella para resolver los problemas de su país.

Stephen Hecht es canadiense y su experiencia en conflictos ha sido en un campo de batalla de otra naturaleza. Es un empresario de éxito con una intensa dedicación al liderazgo local, nacional e internacional de la Organización de Jóvenes Presidentes (YPO, por sus siglas en inglés), la principal red internacional de directores ejecutivos. A lo largo de más de tres décadas de actividad en empresas familiares, Stephen se ha enfrentado a muchos conflictos. Y, en el ámbito personal, ha pasado por dos divorcios y tres matrimonios, y tiene cuatro hijos, cuatro hijastros y una numerosa familia política.

Stephen supo de los éxitos de Amir en la resolución de conflictos a través de algunos miembros de la YPO de diferentes colectivos como griegos y turcos, turcos y armenios, árabes e israelíes, o judíos y musulmanes estadounidenses. Y, con el deseo de no repetir errores del pasado y poder compartir lo aprendido con los miembros de la YPO de Canadá, y después con el resto del mundo, le pidió que le ayudase a organizar un evento.

La respuesta a ese evento, que contó con la participación de 700 directores ejecutivos con sus respectivas parejas e hijos, fue muy positiva y algunos llegaron a afirmar que la experiencia les cambió la vida. En 2012 fue reconocido internacionalmente con el premio Best of the Best de la YPO a la actividad educativa de desarrollo del liderazgo, y el éxito llevó a organizarlo en otros países: Israel, Dubái, la India, México, Rusia, España y Estados Unidos.

En agosto de 2014, Stephen abandonó su carrera en el negocio inmobiliario y, junto con Amir y Frederic Latreille, fundó Million Peacemakers, una galardonada organización sin ánimo de lucro cuyo objetivo es alcanzar un millón de pacificadores que cocreen una cultura de paz en el mundo ofreciendo a las personas la posibilidad de transformar los conflictos en Nonflict. Dirigida a familias, empresas y comunidades del mundo entero, Million Peacemakers, con el apoyo de su consejo consultivo y de sus socios estratégicos, ya casi ha alcanzado esa cifra y posiblemente la superará.

Million Peacemakers ha formado a personas en más de una docena de países, desde palestinos y judíos en Cisjordania hasta las Naciones Originarias de Canadá, así como en grandes multinacionales.

En España, por ejemplo, la empresa Aguas Danone utilizó el método Nonflict para formar a su dirección con el objetivo de convertir la diversidad en un activo, con unos resultados tan efectivos que solicitaron la traducción del libro al español para poder compartir el método en el seno de la empresa.

En la India, Sakal Media Group ha creado, a través de Tanishka Foundation, una red de grupos que cuenta con más de 120.000 mujeres que utilizan el método Nonflict para introducir cambios positivos en su vida y en sus comunidades. El método se ha dado a conocer también en 2.456 centros educativos a través de la red de «Jóvenes inspiradores», y con ello se ha aportado un cambio significativo en la vida de miles de jóvenes líderes y de sus comunidades.

En México, el Grupo Salinas ha puesto en marcha los foros Tanishka y también utiliza el método Nonflict con muchachos de familias problemáticas en un programa denominado «El deporte es tu banda».

De todos estos ejemplos se ofrece más información en el anexo de este libro.

Estructura del libro

En los siguientes capítulos se analizan los tres pasos del método Nonflict y se explican la lógica y las bases de cómo llevarlos a cabo de la manera más eficaz. A lo largo del libro proporcionamos también unas claves que resumen los conceptos a asimilar y que ayudan a recordar definiciones y consejos. Además, los ejercicios incluidos al final de cada capítulo permiten sintetizar el método y ayudan a aplicarlo en la vida cotidiana.

En el apéndice figura una plantilla para utilizar en los diálogos y para hacer el seguimiento de los planes de acción, y también una versión del método Nonflict resumida en una sola página recortable que puedes tener siempre a mano.

Mucha gente decide leer este libro porque está intentando resolver un conflicto con otra persona. Si este es tu caso, te proponemos que, después de leerlo, lo compartas con quien tienes conflicto para que ambos podáis abordar la situación desde el mismo ángulo.

La mayoría de los ejercicios están pensados para trabajarlos en pareja. Si no es posible compartirlos con la persona en conflicto, intenta llevar a cabo los ejercicios con alguien ajeno al mismo, como un familiar o un buen amigo. Independientemente de con quién compartas los ejercicios, ambos resultaréis beneficiados y aprenderéis de la experiencia.

Nota sobre el lenguaje

En el libro, cuando hablamos del hipotético conflicto al que el lector o lectora se está enfrentando, e independientemente de si utilizamos el masculino o el femenino, en ningún caso los pronombres se emplean para indicar solo a un género. Del mismo modo, cuando nos referimos a la «otra persona» con la que estás en conflicto, esta puede ser tu pareja, un o una colega del trabajo, un vecino o vecina, tu hijo o hija, o cualquier otra.

1

El conflicto: conceptos básicos

> La única diferencia entre escollos y peldaños es la manera en que los usamos.
>
> ADRIANA DOYLE

La inevitabilidad del conflicto

Vivimos en una sociedad, en una cultura, en la que el conflicto se ve como algo negativo y en la que el simple hecho de disputar por algo se contempla como una señal de que tenemos problemas en nuestras relaciones.

Sin embargo, este punto de vista malinterpreta la naturaleza de los conflictos y menoscaba la capacidad de progresar en nuestras relaciones y crecer como personas. El conflicto es, sencillamente, la existencia de, como mínimo, dos intereses, deseos, ideas, estilos o percepciones contradictorios que entran en contacto en algún momento. Nuestro mundo está lleno de conflictos. En el momento de escribir estas líneas, viven en la Tierra unos 7.200 millones de personas y es muy poco probable que coincidan en su manera de ver el mundo. Piensa en tu propia vida: ¿Alguna vez has encontrado a dos personas que estén siempre de acuerdo en todo? Esto es una prueba de lo maravilloso y diverso que es el ser humano.

Pero no solo se desarrollan las relaciones: las personas también crecen, y eso supone que en un vínculo en el que tiempo atrás no había demasiados conflictos ahora puedan incrementarse los problemas. Es algo completamente natural y no debe rehuirse. El conflicto es inevitable y este libro trata de cómo afrontarlo de manera productiva con el fin de que ambas partes aprendan de la experiencia.

De momento, sin embargo, abordaremos las distintas maneras en que las personas se enfrentan a un conflicto, muchas veces como resultado de no entender que se trata de un trabajo de equipo, y no de una batalla.

Conflicto real versus conflicto artificial

Una de las situaciones conflictivas más comunes es, también, una de las más sencillas de resolver: Se trata de aquella en la que el conflicto surge por mala comunicación o por la ausencia total de la misma. Aunque pueda parecer que estamos inmersos en un auténtico conflicto, si llegáramos a hablarlo con calma y de manera abierta, veríamos que ese problema aparentemente real es en realidad de índole artificial.

El profesor Aharon Kfir, padre de Amir, que participó en la creación de la administración pública de Israel, nos contó la siguiente historia:

> En 1870, durante la guerra francoprusiana, un soldado francés fue hecho prisionero en Alemania. Sobrevivir al cautiverio era muy

difícil, pero el joven estaba seguro de que su bella mujer le esperaba en casa. Esto le infundió las fuerzas que necesitaba para aguantar y sobrevivir. Durante su estancia en el campo, el soldado hizo un amigo a quien le contó su secreto. Los dos sobrevivieron a la guerra y, cuando emprendieron el viaje de regreso, el compañero tuvo miedo de que el francés se encontrase a su esposa con otro hombre al llegar a casa. Decidió entonces enviar un telegrama para advertir a la mujer de la pronta llegada del francés. Durante todo ese tiempo, ella lo había esperado y le había sido fiel, y en cuanto recibió el telegrama avisando de su llegada, limpió la casa y preparó la cena. Cuando el francés llegó a casa, miró por la ventana y vio la mesa puesta para dos, con flores y vino. Imaginó entonces que la mesa estaba puesta para otro, se sintió abrumado por el dolor y la tristeza, se arrojó a un río cercano y murió. Al hallarse su cuerpo sin vida al día siguiente, la mujer también se sumió en la tristeza, se arrojó al mismo río y también murió.

Por descontado, esta historia presenta unas consecuencias extremas de lo que puede llegar a acarrear la falta de comunicación, pero ilustra bien los problemas que pueden surgir por esa causa. Imagínate cómo habría acabado esta historia si el francés hubiera tenido la prudencia de llamar a la puerta para saludar a su amada. Sin embargo, en lugar de hallarnos ante un final feliz tenemos una tragedia, y la moraleja de la historia es que juzgar las cosas tal y como se presentan, sin profundizar, nos puede llevar a cometer errores graves e incluso mortales.

Por ello, en la resolución de cualquier conflicto es imprescindible llegar al fondo del asunto. Debemos profundizar en ellos, averiguar cuáles son los problemas subyacentes y ver si son reales o artificiales. Esto no resolverá todos los conflictos, pero descartará los que son falsos y es un paso necesario para poder seguir adelante.

Será de gran ayuda tomarse el tiempo preciso para comunicarnos y generar confianza, porque así se logra una mejor comprensión de los intereses de la otra persona y también de los nuestros. Y, de esta manera, podremos ver claramente si el problema es falso o real.

Para concluir, presentamos el ejemplo de un conflicto artificial mucho menos trágico que la historia anterior:

> Dos cocineros se pelean por el último limón que queda en la despensa. Se gritan el uno al otro blandiendo ridículamente sus cuchillos. El dueño del restaurante entra corriendo y, temeroso de que pueda correr la sangre y su cocina se convierta en una pesadilla, corta el limón en dos y le da una mitad a cada cocinero. Ninguno de los dos queda satisfecho y el dueño les pregunta cuál es el problema. Resulta que un cocinero necesitaba la piel del limón para su receta, ¡mientras que el otro solo necesitaba el jugo!

Se trata de un conflicto artificial por falta de comunicación, porque si se hubieran tomado el tiempo necesario para entender las necesidades del otro, ambos hubieran obtenido lo que querían.

Solo si los dos cocineros hubiesen necesitado el limón entero habría existido un conflicto real, y ese es el tema principal del resto de este capítulo y de la mayor parte del libro.

Cinco estilos de resolución de conflictos

Al leer este apartado del libro intenta pensar en qué estilo de resolución de conflictos sueles emplear. Las cuatro maneras principales con las que resolvemos los problemas son: la huida, la fuerza, la cesión y la salomónica «mitad y mitad». Cada método puede parecer correcto en ciertos momentos pero, a la larga, ninguno de ellos suele resolver un conflicto y, a menudo, generan más tensión y hostilidad. En esta sección se examinan estos estilos y se exponen los problemas que conllevan, y por qué una quinta forma, la co-creación, es la mejor opción.

La huida

Para muchos de nosotros resulta natural evitar enfrentarnos a un conflicto cuando creemos que nos va a ser difícil o incómodo hablar sobre el problema, o que si lo afrontamos empeoraremos la situación. Puede que cuando tu pareja acaba de llegar a casa tras una larga jornada de trabajo no parezca el mejor momento para hablar sobre los gastos de la tarjeta de crédito o de los problemas con los hijos. O quizá si tu jefe está muy preocupado por los altos costes en la empresa, no sea la mejor ocasión para pedir un aumento de sueldo.

Amir trabaja para una empresa familiar en la que algunos miembros de la familia rehúyen posibles conflictos por miedo a decir cosas llevados por la emoción que luego puedan lamentar. La cuestión es que, si no encaramos el problema, el conflicto puede empeorar. Tal vez la otra persona ni siquiera sea consciente de la existencia del mismo y, cuando estés tan enojado que finalmente explotes, crea que estás actuando de manera irracional. Al estallar o al gritar solo empeoramos el conflicto y generamos más problemas. Si continuamos huyendo, al final perderemos el control y diremos algo que luego lamentaremos.

STEPHEN: Durante mi matrimonio con mi segunda exesposa, nuestras respectivas hijas se enfrentaron en un conflicto que se intensificó de tal manera que acabó involucrando a toda la familia. Las dos tenían caracteres opuestos y se peleaban constantemente. Mi esposa de entonces, como es natural, sentía la necesidad de proteger y tomar partido por su hija biológica, lo cual me hizo defender a la mía. Esas peleas se volvieron tan explosivas y nocivas que al final les dijimos que debían intentar evitarse.

Esa táctica no funcionó y todos acabamos andando con pies de plomo. El ambiente era tan tenso que cualquier pequeño problema terminaba en una batalla. Creo que nuestra incapacidad para lidiar con los conflictos, incluso después de que mi hija se marchara de casa, fue una de las causas de nuestro divorcio. Otra razón fue la incompatibilidad de nuestras personalidades y la dificultad para entenderlo y enfrentarnos a ello. Un excelente psicólogo nos sugirió realizar el test Myers-Briggs y uno de compatibilidad de parejas muy profundo. Cuando empecé a salir con mi mujer actual, Naomi, le sugerí hacer el mismo test y, al ver nuestro excelente resultado de compatibilidad, me sentí mucho más cómodo para proseguir con la relación. (Como ves, sigo siendo optimista. Visita el sitio web www.humanmetrics.com para más información sobre el test Myers-Briggs, que es uno entre muchos otros.)

Esto no quiere decir que haya que hablar de todo, incluso de cuestiones insignificantes; por ejemplo, si estás de mal humor y alguien que normalmente te cae bien te molesta, quizá sea preferible calmarse antes de discutir. Pero cuando se evita hablar de asuntos importantes, como en el caso de Stephen, se pierde una oportunidad para mejorar la relación, para conocerse más a uno mismo y para crecer como persona. Debemos aprovechar los conflictos para mejorar nosotros mismos y nuestra situación. ¿Acaso no tenemos todos algo que mejorar?

Tampoco hay que huir tan deprisa. A veces, en un conflicto muy emocional, aplazar la conversación puede ser lo mejor. Esto te dará tiempo para calmarte, pensar con calma y entender cómo te hace sentir el problema. Si te apresuras a resolver el conflicto todavía en caliente y sin estar realmente preparado, lo más probable es que lo acabes tratando solo en su superficie o que digas algo que luego lamentarás. Aplazar la conversación está bien, siempre y cuando se retome después y mientras el tema sigue fresco y sea pertinente para ambas partes.

Claves

- Un conflicto sin resolver se mantiene en ebullición bajo la superficie y termina complicándose.
- El temor a estallar con palabras subidas de tono hace que muchas personas lo eviten.
- Cuando rehúyes el problema y eliges esquivarlo por completo, pierdes la oportunidad de crecer como persona y de desarrollar tus relaciones.

La fuerza

Otra manera de abordar un conflicto es recurrir a la fuerza, tratando de imponer nuestra voluntad o nuestro punto de vista sobre el de los demás. Por esta razón mucha gente asocia el conflicto con la violencia —la manera más directa de emplear la fuerza—; sin embargo, el enfrentamiento no siempre es físico. También puede manifestarse de forma verbal o psicológica, o con el uso del poder. A veces parece la forma más fácil y rápida de resolver un problema pero, a la larga, daña las relaciones y puede conllevar resultados desastrosos.

> STEPHEN: Cuando dirigía una empresa de tejidos en Montreal, los trabajadores del sindicato estaban descontentos con las condiciones laborales y los salarios, e intentaron imponer sus reivindicaciones bajo la amenaza de una huelga. Yo no podía permitirme aceptar sus quejas porque sabía que los costes se incrementarían excesivamente y eso pondría en peligro el futuro de la empresa, así que tuve que negarme a sus exigencias. Los trabajadores fueron a la huelga sabiendo que se encontraban en una posición de fuerza y esperaban poder obligarme a aceptar sus reivindicaciones. Fue un conflicto muy duro. Por un lado, si se incrementaban los costes habría pocas posibilidades de seguir siendo competitivos y, por el otro, teníamos que continuar fabricando nuestros productos. Busqué otras opciones, como la subcontratación, y encontré la solución en Corea. Poco después, cerré la fábrica de Montreal y como resultado despedí a los trabajadores. En ese conflicto gané porque cambié el equilibrio de poder, pero no lo viví como una victoria, pues fue a costa de

los puestos de trabajo de muchos empleados con antigüedad y, además, a mí me supuso tener que dirigir operaciones desde otro continente. Al utilizar ambas partes la fuerza como estrategia, ni una ni otra resultó ganadora.

Amir: Un amigo mío se marchó al extranjero a trabajar para una empresa multinacional. La empresa le comunicó las condiciones mediante una carta de intenciones en la que se indicaba que, tras un primer año de prueba, la remuneración se basaría en un porcentaje del trabajo facturado. Después de un año de excelente desempeño profesional, llegó el momento de dar cumplimiento al acuerdo, pero la empresa afirmó que, aunque la carta de intenciones indicara esa condición, no era un compromiso vinculante. Al discutir acerca de la interpretación del contrato, el empleador le espetó un «lo toma o lo deja» y hasta le llegó a decir: «Y si no le gusta, haga las maletas y vuélvase a su casa». Mi amigo se dio cuenta de que no había nada que hacer y se vio obligado a aceptar las condiciones que tenía sobre la mesa; cedió y se sometió al poder impuesto. Sin embargo, ese despliegue de fuerza resquebrajó la confianza entre las dos partes y mi amigo sintió cómo se creaba una tensión en una labor de equipo en la que hasta entonces el trato había sido cordial. A partir de entonces fue muy cauto con su empleador y las negociaciones sobre las condiciones o el salario se alargaron y se enturbiaron debido a la pérdida de confianza.

Claves

- La idea de que en un conflicto debe haber ganadores y perdedores puede generar enemistad, amargura e incluso resentimiento en la parte perdedora.
- El mundo experimenta cambios continuos y por ello también se transforman las dinámicas de poder. En una resolución impuesta a la fuerza siempre habrá un perdedor y, este, al haber sido presionado para aceptar una conclusión con la que no estaba de acuerdo, puede que haga resurgir el conflicto más adelante.
- Muchas personas consideran que el uso de la fuerza no es ético.

La cesión

Los autores de este libro, Amir y Stephen, podemos describirnos como buscadores de armonía —pues de lo contrario, ¿por qué íbamos a escribir un libro sobre resolución de conflictos?— y hacemos todo lo posible por fomentar la positividad tanto en nuestras relaciones profesionales como personales. Esto quiere decir que, a veces, cuando nos encontramos en conflicto con alguien, dejamos a un lado nuestros intereses en favor de los del otro. Elegimos nuestras batallas y, cuando alguna nos parece que no merece la pena, cedemos. ¿Para qué poner en peligro una buena relación?

Sin embargo, existen más razones para ceder. Por ejemplo,

cuando consideras que la otra persona es más fuerte y no parece posible ganarle mediante este método, como sucede en el póker cuando no tienes ni una pareja, el otro jugador parece llevar buenas cartas y además... ¡no sabe poner cara de póker!

Ceder con frecuencia —al menos fuera de la mesa de póker— puede llevar a los demás a pensar que eres débil y a que abusen de ti. También hay quien puede pensar que si cedes esta vez, obligas a la parte opuesta a devolverte el favor en una futura disputa. Sin embargo, esa asunción puede ser incorrecta y llevar a la otra persona a sentirse más segura de sus posibilidades de vencer. No hay garantía de que nadie —ni siquiera un buen amigo— entienda lo que hemos sacrificado al ceder. Y aunque lo comprenda, no es seguro que lo recuerde en un futuro ni que cumpla unas expectativas que no has fijado.

> STEPHEN: En una ocasión, cuando trabajaba para una inmobiliaria, era muy importante firmar un contrato con un arrendatario para así poder urbanizar un terreno destinado a la construcción de un centro comercial. El arrendatario, sin embargo, alargó la negociación hasta el último día en que había que cerrar la operación —que no podíamos postergar ya que había otro comprador interesado— y, como era consciente del poder que tenía sobre nosotros, se negó a colaborar en una cláusula importante. Al final cedimos para no malograr el proyecto, pero esa situación nos generó un profundo resentimiento, afectó negativamente nuestras relaciones y perdimos la confianza en él. Cuando necesitamos un arrendatario de nuevo, optamos por otra estrategia y negociamos también con sus competidores.

Claves

- Al igual que sucede en un enfrentamiento, ceder produce ganadores y perdedores. Al sacrificar tus necesidades y deseos tienes la percepción de que son menos importantes que los de la otra persona, y no lo son.
- Si cedes, puedes esperar a que te lo reconozcan y te compensen tu generosidad en el futuro, aunque también puedes llevarte una decepción, ya que no todo el mundo se rige por estas normas.

Mitad y mitad

Recuerda tu infancia en el parvulario. ¿Qué decía siempre la maestra que había que hacer con los juguetes? ¡Compartirlos! Desde la más tierna edad nos inculcan esta necesidad y nos enseñan a dejar a un lado nuestros deseos para hacer felices a los demás. Si tienes el mejor juguete de la clase y no lo compartes, eres egoísta e injusto. La igualdad es importante pero, en el terreno de la resolución de conflictos, compartir —transigir— puede acarrear problemas.

A menudo transigimos porque sabemos que, aunque no podamos conseguirlo todo, al menos podremos obtener parte de lo que queremos. Es una solución rápida y fácil, y no conlleva la vergüenza de huir, ceder o recurrir al enfrentamiento. En realidad, a primera vista, parece lo ideal. Aun así, transigir es muy parecido a enfrentarse, ya que produce resultados potencialmente inestables: ambas partes están contentas de haber llegado a un acuerdo a medias, pero ninguna está satisfecha del todo con el resultado final, y aquí entran en juego las dinámicas enunciadas en el apartado dedicado al enfrentamiento. Una vez alterada la dinámica de poder, ¿quién puede asegurar que el acuerdo no será reevaluado?

> AMIR: Cuando mis hijos eran pequeños se peleaban constantemente por la televisión. La mayor quería ver programas diferentes a los de su hermano: a ella le gustaba la serie *Friends* y a él, *Bob Esponja*. Sus peleas llegaron a tal extremo que mi mujer y yo tuvimos que intervenir. Sugerimos que uno fuese a nuestra habitación para ver la televisión allí, pero enseguida empezaron las discusiones por quién iba a ver la tele más grande, que estaba en la sala de estar. Al final, estallamos: «¡Basta ya! ¡Nada de televisión para ninguno de los dos hasta que se acaben las peleas!». Entonces los niños ofrecieron su propia solución: él vería la tele en la sala de estar un día y ella otro, alternando los horarios. Aunque, en teoría, esa solución de mitad y mitad era justa, al cabo de poco tiempo los dos quedaron descontentos. Uno y otra preferían la tele grande de la sala y, por ejemplo, a veces emitían el programa preferido del niño cuando era el turno de la niña ante ese televisor. O, aún peor: a veces no podían ver la televisión en la habitación porque alguien estaba durmiendo y uno de ellos se veía obligado a ver el programa del otro en la sala. O si el niño no estaba en casa y ella utilizaba su tiempo de tele en el salón, a su regreso, el muchacho reclamaba ser compensado por ese tiempo perdido. Había días en los que compartían la televisión apaciblemente, pero también había momentos en los que uno no dejaba al otro ver su programa el día que le tocaba por puro rencor. Ese «mitad y mitad» era una solución dema-

siado simple para satisfacer a los dos a la larga. Al final, los niños maduraron, empezaron a disfrutar de los mismos programas y a ser más generosos a la hora de compartir el tiempo delante de la tele. Y el hecho de poder ver la televisión en el ordenador también ayudó.

Claves

Por rápido y conveniente que sea, el «mitad y mitad» puede conducir a dos situaciones:

- ambas partes quedan insatisfechas;
- ambas partes intentan imponerse al otro para cambiar el equilibrio del poder.

La co-creación

¿Qué es mejor que transigir? Obviamente, co-crear (y sabes cómo transigir, pues de lo contrario no estarías leyendo este libro). Aunque la co-creación pueda parecer en principio más difícil que los otros cuatro métodos, es lo que al final deja a las partes del conflicto más satisfechas y complacidas. En especial cuando sabemos que en el futuro tendremos que trabajar con la misma persona con quien ahora estamos en desacuerdo, ya que conserva y mejora la relación. La co-creación toma en cuenta las necesidades y opiniones de cada parte en su totalidad y de forma equitativa.

Este método se basa en la posibilidad de obtener un sinfín de resultados y respalda la idea de que dos puntos de vista abarcan más que uno solo. En lugar de que cada parte trabaje por su cuenta para lograr sus propios fines, colaboran juntas para conseguir el mejor resultado para ambas. La co-creación ofrece soluciones eficaces a largo plazo y mantiene, o ayuda a construir, unas relaciones sanas.

> AMIR: Me contrataron como consultor en una empresa muy grande con graves dificultades financieras. El director ejecutivo creía que la solución más sencilla era despedir al 10 % de la plantilla. Esto hubiera sido rápido y aparentemente sencillo de implementar por parte de los directivos, pero hundiría la moral de la plantilla y haría perder la confianza en la dirección. Tras reflexionar, el director ejecutivo decidió al final reducir los salarios de todo el mundo y así todos sacrificarían lo mismo. Los empleados se quejaron de que esa solución de «mitad y mitad» no era buena a largo plazo, ya que impactaría negativamente sobre algunos puestos clave y podría conllevar la marcha de los trabajadores más valiosos. Desesperado y temeroso de empeorar aún más la situación, el director ejecutivo decidió no reducir los salarios y no afrontó la situación. Al no hacer nada, la deuda de la empresa fue incrementándose.
>
> Finalmente, empezamos a trabajar con el equipo de dirección y dimos con una solución co-creada. Invitamos a los empleados a participar en una reunión en la que escuchamos sus opiniones sobre qué cambios se debían implementar para conseguir que la empresa fuera más eficiente y efectiva y estuviera mejor posicionada para hacer frente a los cambios en el mercado y, al mismo tiempo, garantizar los puestos de trabajo. La solución adoptada fue la reorganización de ciertas funciones y la creación de nuevos negocios, y ofrecimos a algunos empleados la posibilidad de cambiar de

trabajos que no generaban ingresos a otros que sí los hacían. Por ejemplo, los administrativos recibieron una formación y fueron reubicados a producción y ventas. Los empleados se sintieron contentos porque pudieron seguir trabajando en la empresa sin ver reducido su salario y, a su vez, la empresa también quedó satisfecha porque incrementó los ingresos y obtuvo un margen más amplio para reducir su deuda. Esa reestructuración hizo que la empresa volviera a dar beneficios y creó un ambiente abierto, participativo y de confianza que no se habría obtenido de haber optado por las estrategias de la huida, el enfrentamiento o el «mitad y mitad» en la resolución del conflicto.

Claves

- Cuando se emplea el método de co-creación para resolver conflictos, todas las partes quedan satisfechas en sus necesidades y deseos. No hay perdedores: todos ganan.
- La resolución es a largo plazo, pues nadie se sentirá olvidado o desatendido.

A continuación, exponemos tres ejemplos de soluciones cocreadas a problemas cotidianos.

Conflicto

Una pareja discute sobre qué hacer un sábado por la noche. Al marido, más extrovertido, le apetece salir de fiesta con amigos. La mujer, más introvertida, prefiere quedarse en casa ya que se siente incómoda cuando se halla en un grupo numeroso.

1. HUIDA
CONFLICTO
2. FUERZA
CONFLICTO
3. CESIÓN
Bandera blanca
4. MITAD Y MITAD
50% 50%
CONFLICTO
5. CO-CREACIÓN
BERTRAND

Solución co-creada

La pareja planifica las noches de los sábados juntos. En lugar de ir de fiesta o quedarse en casa, salen con otra pareja y así pueden disfrutar de conversaciones más interesantes y no tan superficiales como las que suelen darse en grandes grupos. De esa manera, el marido puede hacer vida social y la mujer mantener conversaciones más a su gusto.

Conflicto

El director de una empresa está molesto con una empleada que siempre llega tarde. Esta se disculpa, pero dice que le resulta difícil llegar a la hora porque es madre soltera y tiene que llevar a su hijo a la guardería antes de ir al trabajo. A veces se forman atascos de coches en la puerta del colegio y por eso entra tarde a trabajar.

Solución co-creada

El director y la empleada hablan abiertamente de la situación y acuerdan que si llega tarde deberá recuperar ese tiempo a la hora de comer. Él está satisfecho porque los demás ven que se respetan las normas y que ella no recibe un trato de favor, lo cual podría animar a otros a llegar tarde a su vez. Y la empleada puede llevar a su hijo a la guardería con tranquilidad y, gracias a ello, rendir mejor en el trabajo.

Conflicto

Un matrimonio discute sobre las cenas familiares. Para el marido es importante cenar en familia, pues así pueden verse todos juntos y ponerse al día de sus cosas, tal y como solía hacer con sus padres. La mujer está de acuerdo, aunque no sea costumbre en su familia, pero no le gustan esas cenas porque la obligan a pasar muchas horas en la cocina.

Solución co-creada

La familia dialoga sobre cómo cenar juntos sin obligar a que la madre cargue con todo el trabajo que conlleva. Deciden que todos ayudarán a prepararla y a recoger después, que utilizarán libros de recetas de cocina rápida, y que en ocasiones celebrarán las cenas familiares en un restaurante, para así poder hablar y disfrutar de la familia sin prisas.

Ejercicio

1. Tu propio estilo de resolución de conflictos

Considera qué estilo de resolución sueles emplear. ¿Cómo te ha funcionado? ¿Qué impacto ha tenido sobre ti y tus relaciones?

2

Nonflict

Una vez te hayas tomado un tiempo para asimilar el método Nonflict, te resultará claro e intuitivo.

Paso 1. Entenderse a uno mismo y a la otra persona

- Comparte tu punto de vista sobre el problema. Pregúntate: ¿Cuál es el conflicto? ¿Cómo me hace sentir? ¿Qué es lo importante para mí?

- La otra persona refleja la esencia de lo que has dicho y te pregunta:
  ¿Te he entendido bien? ¿Hay alguna cosa más?

(Luego intercambiad los papeles y repetid las preguntas.)

Paso 2. Entender la realidad compartida

Tú y la otra persona dialogáis y os preguntáis:

- ¿Cuál es el fundamento real del conflicto?
- ¿Qué nos funciona bien?
- ¿Cuál es el peor escenario posible? Visualizad los hechos y los sentimientos.

Paso 3. La co-creación

Tú y la otra persona dialogáis y os preguntáis:

- ¿Cuál es el mejor escenario posible? Visualizad los hechos y los sentimientos.
- ¿Qué obstáculos existen que nos impidan lograr este mejor escenario?
- ¿Qué podemos hacer para superar dichos obstáculos? ¿Quién hará qué cosa y cuándo?

Ejercicio

1. Conflictos actuales

Piensa en los conflictos actuales a los que te enfrentas y que deseas resolver. Recuérdalos a medida que leas el libro para poder asimilar y aprovechar mejor las lecciones.

3

Paso 1. Entenderse a uno mismo y a la otra persona

Antes de ponerte en los zapatos de otro, acuérdate de quitarte los tuyos.

Devan Capur

Un enemigo es una persona cuya historia aún no conoces.

Gene Knudsen Hoffman

Conócete a ti mismo.

Inscripción en el templo de Apolo en Delfos

El primer paso para co-crear es entender. Comparte con la otra persona vuestros puntos de vista del conflicto respondiendo a las preguntas: ¿Cuál es el conflicto? ¿Cómo me hace sentir? ¿Qué es lo importante para mí?

Reconocer los esquemas de interpretación

Imagínate que estás visitando un museo de arte con un amigo y os detenéis ante un cuadro abstracto. Tú dices que representa un pato. Para tu amigo, sin embargo simboliza un conejo. El cuadro se titula *Ladrillo al sol*, pero es obvio que el artista estaba equivocado.

En todo cuanto hacemos y vemos, se nos ofrece información. Constantemente desfilan ante nosotros visiones, sonidos, pensamientos y sentimientos y somos conscientes de esos sonidos e imágenes, pero existen diferentes maneras de interpretarlos y, además, cada persona tiene sus propias ideas acerca de tales señales. Incluso tenemos nuestra propia percepción sobre, por ejemplo, un discurso. Por ejemplo, cuando un político aborda encendidamente una cuestión polémica, quien discrepe de él se quedará horrorizado ante lo que dice y la manera de decirlo: «¡Ese político vocifera enfadado, parece que se haya vuelto loco!». A sus partidarios, por el contrario, al oír el discurso casi se les saltarán las lágrimas ante tanta pasión. Resulta claro que se trata de un gran hombre que cree profundamente en esa causa.

La lectura de la información que se nos ofrece depende, entre otras cosas, de nuestros esquemas de interpretación o encuadre.

En el paso 1 compartes tu punto de vista del conflicto, basado, en gran medida, en tu propio esquema de interpretación. Ese encuadre es la información que influye en tu visión del mundo. Esta información proviene de:

- la educación (los valores inculcados por tus padres y el ejemplo que te dieron ellos y tus familiares);
- la cultura;
- el entorno físico;
- la educación reglada;
- las experiencias en la vida;
- la genética
- y tu estado físico y emocional en el momento de la discusión (sano/enfermo, cansado/despierto, feliz/triste o hambriento/saciado, entre otros).

Esta información crea filtros mentales a través de los cuales percibimos el mundo.

Imagínate que estás en una frutería y ves una manzana. De pequeños, nuestros padres y profesores nos enseñan a identificar ese objeto como tal. Lo tenemos tan interiorizado que ni se nos ocurre dudar del nombre. ¿Y si hubieras nacido en una isla remota donde no hubiera manzanas? Si te pidieran identificar ese objeto, quizá nombrarías otra fruta parecida que ya conocieras, pero no dirías «manzana». Esto es porque lo estás viendo a través de tu propio encuadre.

Solemos olvidar definir el encuadre en nuestra vida cotidiana. Sencillamente pensamos que ante una situación existen una manera correcta y otra errónea de asumir la información. Y, como es obvio, nuestra interpretación es la buena. En esos casos, podemos discutir con los que discrepan de ella para hacerles ver la luz. Sin embargo, existen varias maneras válidas de entender la información que se nos ofrece.

STEPHEN: Cuando mi empresa canadiense quiso asociarse con una compañía japonesa, me di cuenta de lo mucho que influyen las diferencias culturales en la manera de hacer negocios. Mientras que en Norteamérica las negociaciones son rápidas y eficientes, basadas en datos y cifras y se intenta no perder el tiempo, la mía en Japón adquirió un cariz más holístico. Los japoneses deseaban conocerme como persona y crear una relación de confianza y respeto. Pasé cinco días en el país haciendo turismo, comiendo y bebiendo, y visitando fábricas hasta que mi anfitrión japonés aceptó el acuerdo solo unas pocas horas antes de mi partida. Fui paciente y comprensivo con esa costumbre, aunque me puso nervioso, pero imagino que un proceso tan lento puede causar problemas a empresas norteamericanas con otras expectativas. Algunos negociadores utilizan la estrategia de esperar hasta el último momento para conseguir que cedas más y obtener más provecho, pero no era así en ese caso, pues se trataba únicamente de dar luz verde a un acuerdo de colaboración.

La co-creación implica la aceptación de otras opiniones acerca de la misma situación y hallar una resolución que se acomode a esos puntos de vista distintos y los beneficie por igual.

Comunicación constructiva

Para que la otra persona entienda claramente tus mensajes en el paso 1 (y viceversa), hay que aprender una técnica que facilite la comunicación constructiva.

Comunicar de forma constructiva es hablar sin criticar. Intentar expresar de manera sencilla los sentimientos y pensamientos propios sin que la otra persona se sienta culpable. Este tipo de comunicación suele empezar las frases en primera persona. Por ejemplo:

- «Yo siento…»
- «Yo pienso…»
- «Yo quiero…»
- «Yo necesito… »
- «Es importante que yo…»

Comunicar de forma destructiva es utilizar un lenguaje que busca evaluar, juzgar o culpar. A veces, acusamos a la otra persona de cómo nos sentimos —cuando eso es algo que está bajo nuestro control— o damos por sentado que entendemos lo que está pensando o sintiendo la otra parte. La evaluamos e intentamos convencerla para que vea las cosas a nuestra manera: la forma «correcta». Aquí tenemos algunos ejemplos de comunicación destructiva:

- «Tú me haces sentir...»
- «Siento ______ porque tú...»
- «Tú piensas (o sientes)...»
- «Tú deberías (o no deberías)...»
- «Si tú ______, yo ______ » (empleando amenazas, miedo o tácticas de intimidación).
- «¿Por qué hiciste ______ ?» (atacando y forzando a la otra persona a defenderse).

En el paso 1 debes responder a las preguntas: ¿Cuál es el conflicto?, ¿Cómo me hace sentir? y ¿Qué es lo importante para mí?. Responde sin criticar, comunicándote de forma constructiva. La importancia de hacerlo de esa manera queda patente en el siguiente ejemplo:

STEPHEN: Mi hijo Alex es un artista con muchísimo talento. Ya desde muy pequeño pintaba y creaba. Hace unos años, Alex alcanzó la edad de ir a la universidad y empezó a pensar en la carrera que iba a estudiar. Quería licenciarse en Bellas Artes, pero mi mujer y yo pensábamos que esos estudios no le ofrecerían seguridad económica. Finalmente, le convencimos de que se matriculara en

Arquitectura y aceptó. Empezó el curso, pero no le gustaba y a lo largo de los dos años siguientes se hizo obvio que se sentía muy desdichado. Arquitectura no era lo suyo y suspendía la mayoría de las asignaturas, y al final lo dejó.

Imaginemos ahora cómo hubiera abordado Stephen este conflicto con su hijo de haber recurrido a la comunicación destructiva. Hubiera podido decirle algo parecido a esto:

> «Alex, ¿por qué has dejado los estudios sin consultarnos? ¿Cómo puedes ser tan irresponsable e inmaduro? ¿Estás dispuesto a echarlo todo a perder después de lo que hemos hecho por ti? ¡Parece que no te importe tu futuro! Ya sé que crees que la vida es solo jugar y divertirse, pero debes ser más consciente y ver las cosas como son. Me parece que nos lo pensaremos dos veces antes de pagarte la matrícula en otra universidad».

Y lo podríamos resumir así:

- Stephen ataca a Alex: «¿Por qué has dejado los estudios sin consultarnos?».
- Stephen presume de saber qué está pensando Alex: «Estás dispuesto a echarlo todo a perder», «parece que no te importe tu futuro» y «ya sé que crees que la vida es solo jugar y divertirse».
- Stephen le ofende llamándole «irresponsable e inmaduro».
- Stephen dice lo que Alex tiene que hacer: «debes ver las cosas como son».

- Stephen emplea el miedo para convencer a Alex de su perspectiva: «Me parece que nos lo pensaremos dos veces antes de pagarte la matrícula en otra universidad».

¿Cómo crees que reaccionaría Alex ante este tipo de comunicación? Dado que Alex no es un monje budista, probablemente su reacción sería igual de destructiva. Se sentiría dolido y se pondría a la defensiva. Quizá llegaría a insultar a su padre y a acusarle de ser cerril en sus pensamientos y opiniones. Alex respondería a la batalla iniciada por su padre.

En realidad, después de haber aprendido de conflictos destructivos previos, Stephen empleó una comunicación constructiva al hablar con su hijo y esto fue lo que le dijo:

> Alex, me gustaría hablar contigo porque te quiero y me inquieto por ti. Me preocupa que tu rendimiento en la universidad pueda traerte problemas en el futuro y no quiero que te ocurra nada malo. Quiero que seas feliz en tu vida y que trabajes en algo que te llene. Me sería de ayuda saber qué piensas y sientes. ¿Puedes explicármelo?

Un resumen de lo que dice Stephen:

- «Me inquieto...»
- «Quiero...»
- «No quiero...»

Por supuesto, Alex reaccionó bien a esta charla. Fue capaz de ver que Stephen decía todo esto por amor y no para sermonearle. También sintió que podía abrirse y hablar de sus problemas, ya que entendió claramente lo que pensaba y sentía su padre. Para tu interés, Alex estudió la carrera de Bellas Artes por su cuenta, sin la ayuda de sus padres, y en la actualidad pinta y vende unos cuadros hermosos. Al mismo tiempo, está estudiando Arteterapia para poder trabajar con personas de la tercera edad.

Autoconocimiento, honestidad y vulnerabilidad

Explicar el conflicto desde nuestro punto de vista no siempre es fácil: requiere entrar en nuestras emociones y autoanalizarnos, ¡y a muchos eso les aterroriza! A veces nos exige pasar un tiempo a solas para pensar acerca de la situación antes de iniciar la conversación con la otra persona (los ejercicios al final del capítulo te ayudarán a ello). Esto es bueno siempre y cuando se haya decidido cuándo tendrá lugar la conversación y esta no sea aplazada indefinidamente. Analizarse y entenderse a uno mismo puede ser un reto pero, si practicas el autoconocimiento a diario, cada vez te resultará más fácil y podrás llevarlo a cabo de forma más automática. Además, el autoconocimiento es esencial para progresar en este mundo. Así como un mecánico no puede arreglar un motor sin examinarlo, nosotros no podemos cambiar si no entendemos quiénes somos y dónde estamos.

Algunos de nosotros lo tenemos claro, pero tememos ser honestos y mostrarnos vulnerables delante de los demás. Tenemos miedo de que nos critiquen o de que no nos entiendan. En un mundo perfecto, integrar la comunicación constructiva desde el inicio de la relación con la otra persona aliviaría nuestros temores a recibir críticas duras. No obstante, vivimos en el mundo real y a veces nos sentimos bloqueados por la forma con la que siempre hemos hablado con las otras personas. Cambiar requiere paciencia y trabajo. Cuanto antes empieces a poner en práctica la comunicación constructiva, antes experimentarás sus beneficios.

Pensar que los demás no tienen la capacidad de entendernos es un miedo extendido pero que carece de fundamento. El ser humano tiene una gran capacidad de empatía ante las situaciones más diversas, incluso las que no ha vivido personalmente, pero utilizar o no esa empatía ya es otra cosa. Trataremos este tema en concreto con mayor detalle en el siguiente capítulo. La única manera de asegurarte de que tus necesidades se verán satisfechas es ser abierto y honesto con la otra persona. Si no comunicas bien qué necesitas, ¿cómo pretendes que te comprendan? Al igual que tú no tienes capacidad de adivinación, la otra persona tampoco.

AMIR: Estuve de vacaciones en Puerto Rico con mi esposa, alojados en una preciosa casa junto al mar, y pasamos los primeros días en la playa tomando el sol y descansando, pero al final mi mujer se hartó. Ella prefiere las vacaciones en grandes ciudades, pasear, ir de compras y disfrutar de la animación de la vida cotidiana. Cuando me pidió ir de visita a la ciudad, le dije que sí, sin comentarle que preferiría quedarme en la playa. Solo deseaba hacerla feliz. En la ciudad, el jaleo y el bullicio enseguida me estresaron y me puse de mal humor. Me sentí molesto con mi mujer por haberme llevado allí cuando podría estar en una playa de arena blanca y aguas cristalinas con un margarita en la mano. Mi mujer se dio cuenta de mi mal humor y también se estresó. Me preguntó por qué actuaba de forma tan mezquina cuando yo había estado de acuerdo en que sería divertido visitar la ciudad. Le dije que me hubiera gustado quedarme en la playa, pero que también quería que ella fuera feliz y me respondió que, de haberlo sabido, habría ido sola a la ciudad.

Este incidente muestra la importancia de expresar nuestros deseos y necesidades. Nunca debemos asumir que la otra persona conoce nuestros sentimientos o que piensa lo mismo que nosotros: cada uno tiene deseos y sentimientos diferentes. A veces los descubrimos a base de cometer errores, pero la manera más fácil y directa de conocerlos es aprender a escuchar cuáles son.

Parte del problema del ejemplo anterior es que Amir no sabía lo mucho que le disgustaría ir a la ciudad. Si hubiera sido más consciente de los ambientes que le estresan y le ponen de mal humor, habría podido reconocerlo de antemano y hubiera abordado el problema de otra forma. En el paso 1 te pedimos que respondas a la pregunta «¿Qué es lo importante para mí?» para poder reflexionar sobre tus necesidades y deseos y para expresarlos clara y abiertamente.

Es difícil ser honesto y vulnerable cuando uno mismo no sabe lo que piensa o siente. En el apéndice del libro hallarás una plantilla de trabajo donde anotar lo que piensas acerca de un conflicto antes de comunicárselo a la otra persona.

Claves

- Los esquemas de interpretación personales determinan cómo uno ve un conflicto o una situación en particular.
- La existencia de este encuadre nos enseña que, en la comunicación, no hay que buscar una resolución que tilde a uno de correcto y a otro de equivocado; debe ser un acuerdo que tome en cuenta todas las perspectivas relevantes.
- La comunicación constructiva emplea frases que empiezan en primera persona, sin criticar o avergonzar a la otra persona.
- El autoconocimiento y la habilidad de ser honesto y vulnerable con la otra persona son claves para asegurarte de que tus deseos y necesidades se cumplan.

Ejercicios

1. Ponerse en el lugar de la otra persona

Piensa en la persona con la que estás en conflicto y contesta a las siguientes preguntas sobre ella:

- ¿Cuál es su pasado y su educación personal? ¿Cómo abordaron los conflictos en su familia?
- ¿Cuál es su experiencia profesional?
- ¿En qué cultura fue educada y cómo ésta puede influir en su percepción del mundo actual?

- ¿Cuál era su estado emocional en el momento de la discusión? ¿Cómo influyó este en la conversación?
- ¿Qué otros factores pudieron influir en la discusión?

Escribe estas preguntas en un papel e intenta contestarlas como si fueras la otra persona. Después, con tus respuestas delante, piensa cómo describirías el conflicto si estuvieras en su lugar.

Si no sabes las respuestas, quizá haya llegado el momento de conocer mejor a la otra persona. Eso probablemente te ayudará a entender su perspectiva del conflicto.

2. Conocerse a sí mismo

Si te cuesta encontrarle sentido a lo que sientes y piensas respecto a un conflicto, intenta responder a las siguientes preguntas. Piensa en cómo tu pasado puede influir en tu actitud ante los problemas actuales.

- ¿Cómo abordaron los conflictos tus padres y hermanos cuando eras joven? ¿Sus métodos eran positivos o negativos?
- ¿Qué comportamientos repetirías y cuáles juraste no repetir nunca?

3. Contesta a las preguntas del paso 1 (¿Cuál es el conflicto? ¿Cómo me hace sentir? ¿Qué es lo importante para mí?).

- **Formular la respuesta**

  Cuando respondas a las preguntas del paso 1, intenta imaginar cuál sería tu reacción instintiva. Si pudieras comentarle cualquier cosa a la otra persona, sin miedo a su reacción, ¿qué le dirías? ¿La acusarías de algo? ¿La insultarías? Apunta estas respuestas sinceras y luego subraya dónde has utilizado una comunicación destructiva en ellas. Después intenta volver a escribir tu respuesta a la otra persona empleando una comunicación constructiva, siguiendo lo expuesto en este capítulo.

- **La práctica hace al maestro**

  Imagínate que estás delante de la otra persona con tu respuesta redactada con una comunicación constructiva. ¿Qué partes te costaría decírselas a la cara? ¿Qué palabras revelan tus inseguridades o miedos? Practica pronunciándolas delante de un espejo, mirándote a los ojos. Después, cierra los ojos y visualízate diciéndolas a la otra persona. Repite el ejercicio hasta que te encuentres cómodo llevándolo a cabo.

4

Escuchar y reflejar de forma activa

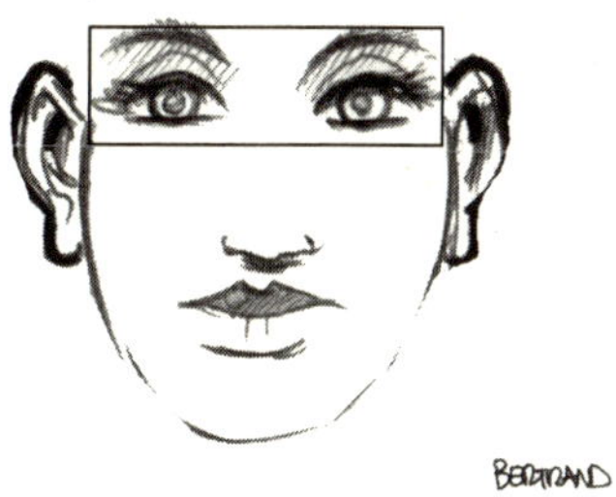

> Toda persona en esta vida tiene algo que enseñarme: en cuanto acepte esto, me abriré a escuchar de verdad.
>
> CATHERINE DOUCETTE

> Escuchar de verdad es arriesgarse a cambiar para siempre.
>
> SAKEJ HENDERSON

La segunda parte del proceso es el acto de reflejar. La otra persona refleja la esencia de lo que has dicho y te pregunta: ¿Te he entendido bien? ¿Hay alguna cosa más?

Escuchar de forma activa

A menudo, lo que llamamos conversaciones no lo son. Se trata solo de dos personas hablando la una a la otra. Una conversación requiere que los interlocutores se escuchen de forma activa y no estén pendientes de su próxima intervención mientras habla la otra persona o, aún peor, que la interrumpan porque lo que tienen que decir es sumamente importante.

Alguien que sabe escuchar de forma activa no piensa en su propia intervención mientras habla la otra parte, sino que escucha y reflexiona sobre lo que se está diciendo o incluso se hace preguntas que puedan aclarar mejor su comprensión sobre lo que la otra persona está intentando comunicarle.

Escuchar activamente requiere librarse de críticas, distracciones y expectativas. Tienes que prestar toda tu atención a lo que se te dice y estar atento con una mente abierta. También es imprescindible mirarse uno al otro a los ojos mientras se habla. Y debes escuchar con interés, incluso si estás por completo en desacuerdo con lo que dice la otra persona. De hecho, esta cree en lo que dice por alguna razón; intenta entender cuál es: ponte en su lugar.

No se trata exclusivamente de lo que se dice, sino de todo el proceso de comunicación, que incluye los indicios verbales y no verbales, y a estos también hay que prestarles atención.

A la hora de compartir hechos y sentimientos, es importante no abrumar al otro y ofuscar su habilidad para procesar la información. A veces será mejor compartir solo un párrafo, dando tiempo a la otra persona a asimilar la información antes de continuar. Así, el intercambio será más fluido y natural, y facilitará una experiencia positiva al compartir, escuchar y reflejarse a lo largo de este paso.

> STEPHEN: Cuando trabajaba en una inmobiliaria fui a visitar a una clienta potencial a la que queríamos comprarle un terreno. Al entrar en su oficina, esta tenía los brazos cruzados y el ceño fruncido. Con un tono agresivo, me dijo que teníamos que comprar el terreno de inmediato, sin el plazo de diligencia debida que deseábamos. No quería que le hiciéramos perder el tiempo durante todo un año cómo le había sucedido con el último comprador interesado. En lugar de defender mi postura, la escuché con atención. Vi claramente que estaba dolida y frustrada por haber sido enga-

ñada anteriormente y esta vez quería protegerse de más artimañas. No me lo dijo con claridad, pero lo advertí en su lenguaje corporal. A través de la escucha activa, pude entender lo que era importante para ella y conduje la conversación de manera que se sintiera respetada y segura. Le expliqué, por ejemplo, que teníamos una tasa de éxito del 95 %, que compartíamos los mismos intereses y solo podríamos urbanizar el terreno si se lo comprábamos a ella. Al final, llegamos a un acuerdo satisfactorio para ambas partes.

Cuando la otra persona expresa su punto de vista sobre el conflicto, intenta escuchar activamente todos los mensajes que emita. Solo a través de la escucha activa podrás reflejar la esencia de lo expresado por la otra persona.

Reflejar como un espejo

Al hablar de «reflejar como un espejo» nos referimos a lo que se entiende de los mensajes expresados por la otra persona. Cuando reflejes lo que ha dicho, no utilices sus mismas palabras: intenta transmitir la esencia de lo que ha dicho, parafraseando las palabras, las emociones, el lenguaje corporal y el tono.

Esa técnica de reflejar como un espejo ha sido utilizada en la terapia Imago, una terapia de pareja muy respetada mundialmente desde hace más de tres décadas. Harville Hendrix, el padre de esta terapia, afirma que el acto de reflejar como un espejo nos lleva a practicar la escucha activa. Cuando uno sabe que la otra parte espera que se refleje lo que ha dicho, se centra la atención en el mensaje en lugar de en lo que se está pensando. (En esta tarea puede resultarte de ayuda la plantilla de trabajo que figura en el apéndice, aunque tomar apuntes no debe hacerte interrumpir el contacto visual.)

Para reflejar como un espejo con éxito es necesario entender tanto el mensaje emocional como el oral, y por eso se debe empatizar mientras se escucha a la otra persona.

La empatía

¿Alguna vez has asistido a una boda de un pariente lejano o de alguien a quien no conoces demasiado y te has echado a llorar en la ceremonia? O, ante el televisor, ¿se te ha puesto la piel de gallina al ver a personas comiendo insectos? Puede que no tengas una relación estrecha con la pareja de la boda, y probablemente nunca hayas comido insectos, pero aun así puedes imaginar lo que sienten esas personas. Esto se debe a que todo ser humano tiene una capacidad enorme para empatizar.

Algunos estudios recientes demuestran que nuestras conexiones neuronales nos permiten empatizar. Los neurólogos que investigan las neuronas espejo han observado que las células que se activan en nosotros cuando experimentamos algo por nosotros mismos son las mismas que lo hacen cuando observamos a alguien vivir la misma experiencia. Por ejemplo, esas células espejo se activan cuando te pinchas con una aguja y cuando ves que a otra persona le sucede lo mismo. Las implicaciones de esto para la resolución de conflictos son enormes, ya que, como seres humanos, podemos empatizar con otras personas aunque sintamos animosidad hacia ellas o incluso las odiemos.

AMIR: Una vez moderé una reunión para tratar el conflicto entre palestinos e israelíes. En un momento dado, un palestino contó que su madre aún guardaba la llave de la puerta de la casa que tuvo que abandonar en 1948, durante la guerra de la independencia israelí. Contó que la mujer aún soñaba con volver a vivir algún día en esa casa. Su historia me afectó mucho e intenté reflejarle lo que me había dicho. Le conté que podía sentir su dolor y que entendía el profundo trauma que sufría su madre. Le expliqué que no podía imaginar cómo me sentiría yo si tuviera que abandonar mi hogar y me impidieran volver allí durante décadas. Le dije que yo también soñaría con volver. Cuando el palestino me vio empatizar con él y entender su dolor, se emocionó. No entendí por qué reaccionaba de esta manera y le pregunté qué le ocurría. Me dijo que nunca hubiera imaginado a un veterano del ejército israelí mostrando sensibilidad ante la tragedia de su familia y aceptando su reacción como normal. Fue un momento decisivo en nuestro trabajo conjunto y en nuestro deseo de reconciliar nuestros pasados y construir un futuro mejor.

El acto de reflejar nos pone en el lugar del otro. Al hablar, piensa en cómo estás presentando la información a la otra persona, deja a un lado la crítica y haz gala de empatía. Mantén el contacto visual, así como un tono calmado y respetuoso (¡sin burlas!).

Te sorprenderá ver qué fácil te resulta reflejar lo que dice la persona con la que estás en conflicto. ¡Inténtalo!

Validación

Reflejar como un espejo también es esencial porque hace que la otra persona se sienta escuchada, entendida y validada. Muchas veces, las conversaciones se convierten en discusiones porque una de las partes siente que no la escuchan. Gritamos y nos repetimos para ser reconocidos, porque ser respetado y validado son necesidades humanas (bajo la categoría «estima» en la pirámide jerárquica de Maslow). Al reflejar al interlocutor como un espejo, se elimina cualquier duda acerca de que la otra persona no nos esté escuchando y así se mantiene una conversación serena. De esta manera, legitimamos lo que dice la otra persona, sin tener que estar de acuerdo con ella, y la validación nos ayuda a sentir que nuestra reacción es normal.

STEPHEN: Hace poco me paró un policía por no detener completamente mi coche en una señal de stop y por no poner el intermitente antes de girar. Una vez estacionado en el arcén, apagué el motor y puse las manos en el volante para que viera que le respetaba y que no representaba ningún peligro. Cuando el policía se aproximó a mi vehículo, vi que estaba muy enfadado. Antes de que empezara a hablar, me quité las gafas de sol e intenté establecer un contacto visual. Sus primeras preguntas fueron:

—¿Sabe usted que no se ha detenido completamente en el stop y que no ha puesto el intermitente al girar? ¿Sabe que estas dos infracciones suponen una multa y la pérdida de puntos del carnet?

Cuando terminó de hablar, intenté reflejar la esencia de lo que me había dicho y le dije:

—Tiene usted razón, no me he detenido completamente y no he señalizado bien el giro. Ha sido una maniobra peligrosa y muy inconsciente por mi parte.

En ese momento le cambió el humor. De repente, se mostró mucho más calmado. Entonces me hizo ver que se trataba de una zona residencial y que debía tener en cuenta que había muchos niños jugando en la calle. Volví a reflejar lo dicho con estas palabras:

—Tiene usted toda la razón. Hay niños jugando y ha sido un acto peligroso. En adelante iré con más cuidado.

Y el policía me dejó marchar.

Las preguntas que se hace uno después de reflejar («¿Te he entendido bien?» y «¿Hay alguna cosa más?») funcionan para comprobar la validación. Le dan a la otra persona la oportunidad de clarificar cualquier cosa que hayamos entendido mal o hayamos dado por sentado. Una vez que se sienta validada, también te dará tiempo para profundizar en el conflicto subyacente en lugar de profundizar en los síntomas del mismo. Si la otra persona te dice que no te ha entendido bien, pídele que clarifique. Ninguno de los dos debe decir «sí, me has entendido bien» solo por no llevarle la contraria al otro. Parte de la comunicación activa es practicar una conversación clara y honesta y eso requiere ser sincero con la otra persona aun a riesgo de ofenderla. La honestidad es el fundamento de la confianza mutua y el respeto, por lo tanto, atemperar los problemas supone un obstáculo para disfrutar de una buena relación.

Claves

- Hay que escuchar activamente para poder reflejar como un espejo. Presta atención a lo que te dice la otra persona, a su lenguaje corporal y al tono que emplea.

- Reflejar como un espejo quiere decir parafrasear, capturar la esencia en su nivel más puro, y no repetir lo dicho palabra por palabra.
- Reflejar requiere empatía. Deja a un lado el ego y ponte en el lugar de la otra persona, se notará en el tono respetuoso y en el lenguaje corporal que emane.
- El ser humano tiene una gran capacidad de empatía, aunque pueda estar muy enojado.
- Reflejar conlleva la validación, lo que indica a la otra parte que sus sentimientos y opiniones son razonables. La validación facilita la confianza y ayudará a la otra persona a abrirse más.

Ejercicios

1. Escucha activa con la boca cerrada

Para ensayar la escucha activa, siéntate con la otra persona y dile que hable de un tema que le preocupe profundamente. Déjala hablar durante dos minutos sin interrumpirla. Analiza tu reacción hacia esta persona.

- ¿Puedes mantener el contacto visual durante los dos minutos?
- ¿Puedes no interrumpirla?
- ¿Te permites empatizar con ella?
- ¿Estás pensando en tus propias opiniones o prestando atención a lo que intenta comunicarte?

2. Espejito, espejito...

Para ensayar el reflejo, túrnate con la otra persona y contestad a las siguientes preguntas:

- ¿Qué día de tu vida te gustaría volver a vivir y por qué?
- ¿Qué persona ha tenido mayor impacto en tu vida y por qué?
- ¿Qué es lo que agradeces más que nada en el mundo?
- ¿Qué evento marcó un momento decisivo en tu vida y por qué?

La persona que escucha deberá reflejar la esencia de los hechos y sentimientos expresados sin usar un tono crítico.

3. Empatizar con el otro

Para ensayar la empatía, siéntate con alguien con quien no estés en conflicto.

- Describe el conflicto desde tu punto de vista a la persona no involucrada.
- Después, que tu interlocutor refleje lo expresado.
- A continuación, intercambiad el sitio y ponte en la piel de la persona con quien estás en conflicto. Describe el problema y los sentimientos desde el punto de vista de ella, tal como lo imaginas.
- De nuevo, la otra persona reflejará lo dicho.

En este ejercicio, tu compañero no es un participante en la conversación, sino un vehículo para ayudarte a entender y a oír tu punto de vista y el de la persona en conflicto (quien no necesariamente estará presente). Aunque actuar en el papel del otro puede resultarte incómodo al principio, te ayudará a entrar en su mente y a imaginar las palabras que utilizaría y, por tanto, a entenderle mejor.

5

Paso 2. Entender la realidad compartida

> No tengas miedo a la oposición, recuerda que una cometa vuela al estar contra el viento, y no con el viento.
>
> HAMILTON MABIE

¿Cuál es el fundamento real del conflicto?

En el paso 2 cambiamos el enfoque de analizar el conflicto desde el punto de vista individual para hacerlo desde la perspectiva de un grupo con un conflicto en común.

El conflicto subyacente es lo que une las dos perspectivas. Supongamos que estás harto del compañero de trabajo que se sienta a tu lado. Puede que pienses: «Se pasa el día hablando por teléfono con los clientes, y es tan escandaloso y pesado que no puedo concentrarme. Si pudiera, me iría a trabajar a una biblioteca. O, mejor aún, ¡que le despidan!». El conflicto subyacente, sin embargo, es el respeto o la paciencia entre personalidades diferentes y formas de trabajar distintas. Al fin y al cabo, está hablando con clientes y, por lo tanto, trabajando. Identificar el conflicto subyacente no solo permite alcanzar una resolución efectiva, sino que también separa al individuo del problema. El conflicto no es realmente tu compañero de trabajo, ni lo difícil que es trabajar con él, sino las diferentes formas de hacerlo.

¿Significa eso que uno tiene una manera de trabajar correcta mientras que la del otro es errónea? No, en absoluto. El conflicto no tiene por qué crear ganadores y perdedores. Dos personas igualmente racionales pueden hallarse en conflicto y los puntos de vista de una y otra pueden ser tan válidos el uno como el otro. Aprender cómo los demás actúan y perciben las cosas de manera diferente para que podamos ensanchar nuestros horizontes e incluso modificar nuestras ideas por el bien de todos, es una de las alegrías —y de los retos— de la experiencia humana. ¿No sería aburrida la vida si no cambiáramos nunca?

Esta es una lista de los conflictos más corrientes entre dos personas:

- Diferentes maneras de trabajar
- Distintos valores/prioridades/necesidades (por ejemplo: dinero, caridad, dieta, sexo, etc.)
- Diferentes estilos de comunicación
- Distintas forma de resolución de conflictos
- Diferentes ideas sobre la puntualidad
- Patrones de sueño distintos
- Personalidades diferentes
- Niveles distintos de ansiedad y calma

Causas versus síntomas

Un obstáculo importante para identificar el verdadero conflicto subyacente es hablar de las causas y no de los síntomas. Cada conflicto se puede dividir entre causas, síntomas y resultados (aunque de momento haremos caso omiso de estos últimos, ya que cambiarán al encontrar la resolución). Las causas son los elementos básicos del conflicto subyacente. Los síntomas, a su vez, son meramente los problemas superficiales más obvios. Y si confundimos unos y otras nos arriesgamos a repetir el mismo conflicto eternamente, ya que durante la resolución nunca nos habremos enfrentado a la esencia del problema. A la larga, esto puede conllevar consecuencias muy negativas.

Por ejemplo, una madre lleva a su hijo al médico con una infección de oído. La criatura llora y parece que sufre mucho, y el médico puede recetarle algo para aliviar el dolor. En este caso, el dolor es un síntoma. El peligro de tratar solo el síntoma es perder de vista la causa subyacente del problema: la infección de oído que causó el dolor en primer lugar. Existe el riesgo de que si solo se trata este último, puede que la infección se mantenga y quizá llegue a causar daños irreversibles en el oído (resultado). Un médico puede recetar un medicamento para el dolor pero, primero, averiguará todo lo posible sobre los síntomas y las posibles causas de ello antes de dar un diagnóstico y proponer un tratamiento.

Amir: En los últimos seis meses de mi servicio militar trabajé en un programa para niños de familias con pocos recursos que habían crecido en circunstancias muy duras. Algunos tenían antecedentes penales y se habían visto implicados en enfrentamientos entre bandas. El gobierno quería darles la oportunidad de cambiar de vida, integrándoles en la sociedad a través de una formación, una disciplina y una cultura militar. En lugar de proporcionarles un uniforme y dejar que se espabilasen solos, mis superiores y yo desarrollamos un programa con un enfoque más holístico.

En primer lugar, hicimos que un asistente social visitara a sus familias y eso nos ayudó a entender los problemas de pobreza, droga y violencia de aquellos chicos. Sabiendo esto, buscamos la manera de incrementar su autoestima y sus esperanzas en el futuro y decidimos enseñarles habilidades que les serían útiles en la vida laboral fuera del entorno militar, y que además les ayudarían a ver los aspectos positivos de tomar responsabilidades en sus propias vidas y de adoptar un comportamiento diferente. Aprendimos que el verdadero significado de la palabra «responsabilidad» es la habilidad de responder de manera sensata. Si hubiéramos tratado los problemas de estos chicos de un modo superficial, solo ofreciéndoles una formación militar básica, no hubiéramos tratado la raíz de sus problemas. Probablemente se hubieran metido en una pelea nada más salir del cuartel y hubieran acabado en la cárcel. Al estudiar su situación y escucharles pudimos saber que no eran malos chicos, sino el producto de su propio entorno, y eso fue lo que nos permitió ayudarles. La clave de nuestro éxito relativo fue apoyar a estos chicos a incrementar su autoestima.

STEPHEN: Una de las tiendas de ropa formal de una cadena en la que trabajé perdía ventas semana tras semana, y me pregunté por qué esa en concreto era menos rentable que las demás. Algunos colegas creían que el motivo era que se hallaba en un barrio de renta baja y, por lo tanto, la gente compraba menos prendas formales. Decidí investigar por mi cuenta e hice una visita sorpresa a la tienda. A primera vista me pareció desordenada y gestionada con poca profesionalidad, lo cual me sorprendió desagradablemente, ya que nos enorgullecíamos de que nuestras tiendas estaban limpias y bien organizadas. Decidí ir más a fondo. ¿Cómo podía darse esa situación? ¿Sería culpa del encargado? ¿O quizá un empleado había cerrado el día anterior y se había marchado sin limpiar ni recoger? ¿Estaba siempre tan desordenada o se trataba solo de ese día? Pude haber pensado que la falta de mantenimiento era la razón de que las ventas disminuyeran, pero seguí investigando. Pedí el horario de turnos de los empleados y el inventario del pequeño almacén que había en la trastienda. El inventario estaba mal hecho y tuve un mal presentimiento sobre lo que iba a encontrarme. No me equivoqué: al registrar el almacén de arriba abajo, descubrí una caja de zapatos llena de dinero en efectivo debajo de un montón de prendas desparejadas. Me di cuenta de que el encargado estaba robando dinero de la caja y de que ese era el verdadero problema, mientras que la lamentable apariencia de la tienda solo era el síntoma de una pésima gestión.

Cuando resulta difícil ver más allá de los síntomas, hay que preguntarse el porqué y la respuesta a ese interrogante te proporcionará la causa. Algunas veces, tanto tú como la otra persona tendréis que repetiros la pregunta del porqué más de una vez para dar con la causa. Por ejemplo, si un amigo ha dejado de hablarte, pregúntate por qué. Si la respuesta es porque está enfadado contigo, pregúntate por qué de nuevo. La mayoría de los síntomas derivan de algo más profundo que se halla en la memoria consciente o inconsciente. La causa incluso podría ser un mal recuerdo de un problema con otra persona en el pasado, más que algo sucedido entre vosotros dos que ha despertado en el presente. Por ejemplo, en una pareja, una infidelidad de un ex o del padre o la madre de uno de los dos, años atrás, podría influir en la falta de confianza que el matrimonio padece en el presente.

En la causa también pueden influir las discrepancias acerca de las creencias personales. Si en una pareja uno cree que las mujeres deben quedarse en casa cuidando de los niños y el otro piensa que tienen que poder tener una carrera profesional, aun con niños, esa diferencia de creencias puede ser causa de conflictos cuando tengan hijos en común.

A veces te darás cuenta de que la causa de un problema se debe a un conflicto interno y personal que estás viviendo, y probablemente habrá que resolverlo antes de pasar al plano interpersonal (véase el capítulo 11 para aprender cómo emplear el método Nonflict en la resolución de un conflicto interno). Si se trabajan primero los problemas internos, se pueden simplificar o resolver muchas situaciones complejas.

Claves

- No te quedes estancado ante acciones o personas específicas. Céntrate en la totalidad del problema.
- Pregúntate: ¿por qué estas dos perspectivas válidas se contradicen?
- Separa los síntomas de las verdaderas causas subyacentes del conflicto.

Ejercicio

Escribe creencias personales que pueden influir en los conflictos en tu vida. ¿Cuáles son tus opiniones referentes al papel de la mujer y del hombre, el matrimonio, el éxito, Dios, el dinero, el poder y el trabajo? ¿Cuáles crees que son las de la otra persona sobre los temas que suponen un conflicto?

6

¿Qué nos funciona bien?

> El pesimista ve dificultades en cada oportunidad,
> el optimista ve oportunidades en cada dificultad.
>
> WINSTON CHURCHILL

Psicología positiva

Las personas en conflicto suelen pensar únicamente en los aspectos negativos de la relación que tienen con quien tienen un problema y olvidan los beneficios y los aspectos positivos de ese mismo vínculo. Antes de lanzarse a la resolución de un conflicto, es necesario detenerse a pensar en lo que sí está funcionando y qué se aprecia de ello, y es importante incluir, no solo los hechos, sino también los sentimientos (este punto se basa en las aportaciones de la indagación apreciativa). Es muy poco probable que tu relación sea totalmente mala. En el peor de los casos, quizá lo único que funcione bien sea el hecho de que las dos personas queráis resolver el conflicto, y eso ya es suficiente. Hablar de los aspectos positivos de una relación hace recordar por qué esta es importante y ayuda a progresar en la conversación en una dirección constructiva.

Si no encuentras nada positivo en la relación o en la otra persona, al menos podéis estar agradecidos por tener un conflicto en común. Ese problema os ha unido y os puede hacer crecer de maneras insospechadas. Es una vía para aprender cosas acerca de las diferencias entre ambos y para hallar la manera de celebrarlas y utilizarlas; empleando el método Nonflict, creceréis como personas y en vuestras relaciones con los demás.

Los conflictos son sumamente importantes para las empresas porque una buena gestión de los mismos puede evitar problemas mayores y muy destructivos en el futuro. Por ello hay que verlos como oportunidades de crecimiento y mejora en la empresa, y no como obstáculos que puedan frenar ese crecimiento.

En numerosas discusiones con familiares o colegas, y hasta con enemigos acérrimos, hemos sido testigos del poder de una pregunta fundamental: «¿Qué nos funciona bien?». Es muy fácil subrayar los fallos de los demás, especialmente de aquellos que nos rodean, pero cuando un matrimonio en conflicto es capaz de ver que comparten una estupenda familia o que han criado a unos hijos maravillosos, se crea una nueva energía alrededor del diálogo. Ocurre lo mismo cuando una madre se detiene a pensar en su hijo y, a pesar de saber que tiene problemas en la escuela, recuerda que tiene un gran corazón y es amigo de todo el mundo, y puede utilizar esta energía positiva para ayudar a encontrar una resolución.

Amir: Trabajo con McElroy, una empresa estadounidense, líder mundial en el diseño, la fabricación y la comercialización de maquinaria para la construcción. Sus productos se venden casi exclusivamente a través de distribuidores en todo el mundo. Uno de sus principales distribuidores transformó su modelo de negocio, abandonando la venta y apostando por el alquiler de la maquinaria a escala nacional. El modelo de negocio de McElroy y el de sus clientes habían emprendido caminos distintos pero, en lugar de poner fin a los acuerdos con ese distribuidor, los ejecutivos de la empresa se sentaron con los representantes de su cliente para entender su modelo de negocio y sus expectativas. Puesto que valoraban la relación de trabajo existente hasta el momento —ya que sabían que esta les había beneficiado a unos y a otros en el pasado— y, al ver que el futuro vínculo también les ofrecería un beneficio mutuo, trabajaron para lograr una solución desarrollando nuevos canales de marketing. Esta nueva opción se ofreció a todos los distribuidores y conllevó un crecimiento del negocio de la empresa y de sus socios estratégicos.

Dialogando y trabajando para entender las necesidades y las aspiraciones de la otra parte, se alcanzó una solución que no solo permitió conservar a un cliente importante, sino que se compartió con los otros socios para beneficio de McElroy y de sus distribuidores.

Mantener una actitud optimista en las discusiones es muy importante, como corroboran las conclusiones de la psicología positiva. El psicólogo Martin E. P. Seligman, autor de *La auténtica felicidad*, afirma que enfrentarse a los problemas con una actitud positiva incrementa la probabilidad de que sus resultados también lo sean. Tal Ben-Shahar, profesor de Harvard y otra figura importante en el campo de la psicología positiva, nos enseña que quienes llevan un «diario gratificante» —en el que cada noche, antes de acostarse, escriben cinco cosas por las que están agradecidos— son más felices y optimistas, tienen más éxito en la vida y mayor probabilidad de alcanzar sus metas. No son afirmaciones sin fundamento y, de hecho, Shawn Achor indica claramente en *La felicidad como ventaja* que los datos respaldan la idea de que una buena disposición mejora la productividad, la creatividad y el éxito en general (incluso en los exámenes).

A partir de sus entrevistas con cuarenta de los ejecutivos de mayor éxito en el mundo, Jeffrey Garten, decano de la Yale School of Management, concluyó que el optimismo era la característica que todos compartían. Según Garten, aunque muchos suponen que las personas más exitosas tienden a ser sumamente agresivas en las negociaciones, parece que sucede justo lo contrario, creen que, como ya han tenido éxito antes y confían en que pueden ver un punto en el horizonte más allá de los problemas inmediatos, serán capaces de llegar a ese objetivo. Cuando trabajes en tus propios conflictos, confía siempre en que puedes resolverlos si observas el panorama completo. En cualquier situación, siempre hay alguna cosa que todavía vale la pena apreciar.

> STEPHEN: Un miembro de la Organización de Jóvenes Presidentes se puso en contacto conmigo seis meses después de haber asistido a un curso de resolución de conflictos para explicarme lo ocurrido entre su esposa y su hija. Las dos llevaban meses sin hablarse a raíz de algunos malentendidos y de las frustraciones relacionadas con la depresión que la niña estaba sufriendo y que le había provocado problemas en el colegio. Él y su esposa la llevaron a visitar una nueva escuela que creían que atendería mejor sus necesidades. En el viaje de vuelta a casa, las dos mu-

jeres rompieron su silencio y se enzarzaron en una discusión violenta y muy emocional. Detuvo el coche y utilizó el método Nonflict para ayudarlas a calmarse y a mantener una conversación constructiva. Dijo que la solución llegó cuando su mujer y su hija se detuvieron a pensar en los aspectos positivos de su relación y en el amor que sentían la una por la otra, y en que solo querían lo mejor para ambas. Su hija, que se encontraba en un muy mal momento, necesitaba que le recordasen por qué era muy importante trabajar con su madre en mejorar la relación entre ambas.

Claves

- «¿Qué nos funciona bien?» quiere decir «¿qué ayuda a que mejore nuestra relación y qué es lo que aprecio de la otra persona?». Es decir, hechos y sentimientos.
- Quizá la única cosa que funciona es el hecho de que las dos partes quieren resolver el conflicto.
- Hay que agradecer al universo la existencia del conflicto.
- Algunas investigaciones demuestran que las discusiones positivas derivan en resultados positivos.

Ejercicios

1. Pon en práctica una psicología positiva

Haz una lista de tres cosas que te van bien en tu vida personal —en tu bienestar físico, mental y emocional—, familiar y laboral. Muestra la lista a la otra persona. Colócala en un lugar donde puedas verla, como el espejo del cuarto de baño o la puerta del frigorífico.

2. Diario gratificante

Diversos estudios psicológicos revelan que anotar con regularidad en un diario las cosas por las que estás agradecido tendrá un impacto muy positivo en tu felicidad. Esto funciona mejor si lo haces cada noche antes de acostarse o, al menos, tres veces por semana. Inténtalo para disfrutar del poder curativo de este sencillo quehacer.

7

¿Cuál es el peor escenario posible?

El coraje no consiste en no tener miedo, sino en poder enfrentarse a él.

JOHN B. PUTMAN

Todo lo que te da miedo es una oportunidad para conocerte mejor.

ROBIN SHARMA

Enfrentarnos a nuestros miedos

Cada mañana, un monje budista jugaba con una bola de cristal, pasándosela de una mano a la otra. Un día, un alumno le preguntó si no le daba miedo que se le cayera la bola y esta se hiciera añicos. El monje contestó: «En mi mente ya se ha caído. Ahora solo lo estoy disfrutando».

En algunas ocasiones, imaginarse viviendo lo peor libera nuestra mente y nos permite ver las cosas de manera positiva. Una vez contemplado el peor escenario posible y asumido que somos capaces de vivir con ello, podemos seguir adelante de una manera más práctica, ya que no nos enzarzamos en la paranoia y podemos emprender los siguientes pasos hacia la mejoría.

Por otro lado, en el caso de que el peor escenario contemplado sea desastroso, esa crítica visión puede ser el catalizador necesario para buscar una solución utilizando el método Nonflict como guía.

AMIR: Yoki Gil es un buen amigo mío, propietario de la empresa Source Vagabond, líder en sistemas de hidratación, sandalias de montaña y accesorios de viaje. Sus competidores le robaban constantemente la propiedad intelectual y tenía que dedicar mucho dinero y tiempo a juicios por el mundo entero. Deseaba defender con gran energía sus intereses, pero se dio cuenta de que los procesos judiciales le dejaban exhausto y que los únicos que salían ganando en los pleitos eran los abogados. Cuando me explicó la situación, le pregunté:

—¿Qué es lo peor que te podría ocurrir si no fueras a juicio?

—Podrían robarme mis ideas y obtener provecho de ellas. Podrían incluso quitarme todo lo que he creado a lo largo de veinticinco años y poner en peligro mi posición en el mercado internacional, y animar así a otros competidores a hacer lo mismo —me respondió.

Cuando le reflejé como un espejo sus comentarios, pudo ver la situación desde fuera, de manera serena y constructiva, y enseguida se dio cuenta de que, aunque estaba viviendo emocionalmente su peor escenario posible, aún había una salida. En lugar de perder el tiempo pleiteando con sus competidores, debía consagrar sus energías a la creación de los productos más innovadores e ir siempre un paso por delante de sus competidores, triunfando gracias a la innovación. Estuvo muy agradecido al poder compartir sus miedos con otra persona y observarlos desde un punto de vista más objetivo y crítico.

STEPHEN: Durante el segundo año de sus estudios universitarios, mi hijastro Elliot decidió abrir una franquicia de una empresa de pintura para estudiantes. Creyó que durante el verano podría facturar unos 100.000 $ en ventas y obtener unos beneficios de

35.000 $. Después de conseguir unos ingresos de solo unos 1.000 $, recibió una factura de 6.000 $ en concepto de unos materiales de marketing que no había utilizado. Al leer la letra pequeña del contrato, sin embargo, se dio cuenta de que estaba obligado a pagar por ellos. En el peor escenario seguiría perdiendo dinero y tendría que trabajar muy duro para solo obtener pérdidas. Como estudiante, necesitaba cada dólar que tenía, y empezó a invertir cada vez más horas en la franquicia porque para conseguir más pedidos tenía que organizarse bien antes de que llegara el verano, cuando empezarían a pintar. Sus estudios se resintieron y el negocio empezó a consumirle. Estaba abrumado y se sentía muy desafortunado. Pensando en qué podía hacer para enderezar el rumbo de su empresa, consultó a su esposa y esta, al ver el aprieto en que se hallaba su pareja, se conmovió y decidió ayudarle en la medida de lo posible. Como tenía experiencia comercial, se ofreció para acompañarlo en sus visitas a los clientes. Funcionaban mucho mejor como equipo que Elliot en solitario. Su porcentaje de éxito en las visitas de ventas subió del 5 % al 50 %. No logró alcanzar su objetivo de 100.000 $, pero al menos ganó algo y aprendió, además, que ser empresario o comercial no era lo suyo, y que tampoco le gustaba dirigir una plantilla de trabajadores. Esa experiencia le hizo cambiar de profesión, retomar los estudios y licenciarse en medicina.

Contarle los miedos propios a otra persona es muy terapéutico y sería deseable que todo el mundo tuviera un lugar en el que se sintiera cómodo para expresar sus temores. A veces descubrimos que estamos exagerando nuestras preocupaciones y eso nos permite liberarnos y vivir el momento. Otras veces no son exageradas, pero podemos llegar a controlarlas.

Uno de los castigos más crueles que existe es el confinamiento en solitario. En esta situación no tienes a quien expresarle tus miedos. Acabas enloqueciendo porque no cuentas con quien empatizar o con alguien que pueda decirte que no estás solo. Tener en mente el peor escenario puede ser peligroso —¡y aterrador!—; por esta razón aconsejamos compartirlo de manera abierta y honesta. Afrontar los miedos con otra persona es una experiencia muy enriquecedora, que crea unos lazos profundos y que compensa el tiempo y el esfuerzo dedicados. Puede llevarse a cabo con un buen amigo o en grupo, presencial o virtualmente.

Definir tu peor escenario posible

Si te despiertas por la noche empapado en sudor por una pesadilla sobre un problema que estás viviendo, ese es tu peor escenario posible: expresar miedos y preocupaciones más personales. Y es lo que por lo general dos personas en conflicto tratan de evitar que ocurra. A veces puede darte miedo expresar tus preocupaciones por temor a que se materialicen, o puede preocuparte parecer débil o paranoico. Sin embargo, es esencial sacar a la luz esos miedos para poder sopesar la importancia que tienen para ti. A veces, una vez expuestos a la luz, se evaporan.

Muchas empresas analizan los peores escenarios posibles cuando utilizan técnicas de gestión de riesgos. Por ejemplo, una compañía petrolera tiene que ser precavida ante posibles cambios medioambientales, políticos y económicos, y por eso contratará a analistas que planifiquen y estudien estrategias que permitan afrontar los peores escenarios. Esos intentan definir cómo reaccionar frente a un tornado, un incendio o un atentado terrorista, por citar algunos ejemplos. A su vez, los militares utilizan juegos de guerra para simular los peores escenarios y ensayan ejercicios para prepararse ante una guerra química o ante ataques coordinados por tierra y aire.

> AMIR: Trabajé con una familia en la que existía un conflicto entre los padres y su hija adolescente. Cuando hablamos del futuro, ella afirmó:
>
> —En realidad, no me siento como un miembro de esta familia y no os imagino disfrutando de la relación con vuestros nietos.
>
> Los padres se asustaron. Era la constatación de que la estricta educación con la que habían criado a su hija les había estallado en las manos. A partir de ese momento, intentaron ser menos beligerantes con su hija, trataron el verdadero conflicto subyacente y la aceptaron como realmente era.

Como queda patente, imaginar el peor escenario, tanto si te serena como si te espanta, puede resultar provechoso a la hora de gestionar un conflicto que conlleva cambios de estrategia o de estado mental.

Claves

- El peor escenario es un reflejo personal de tus miedos más profundos.
- Es la sombra que está detrás del verdadero conflicto subyacente: lo que estás intentando evitar.
- Al exponer tus miedos, no solo los aclaras para ti mismo, sino que ofreces a la otra persona la oportunidad de entenderlos y de empatizar con ellos.
- El peor escenario posible ayuda a actuar o a descartar ciertos pensamientos negativos.

Ejercicio

Identificar los miedos

Haz una lista o identifica los miedos referentes a las creencias expuestas en el capítulo 5. Reflexiona sobre cómo estos miedos pueden influir en los conflictos que tienes en tu vida.

8

Paso 3. La co-creación

> Tu visión se aclarará solo cuando mires dentro de tu corazón.
>
> Quien mira fuera sueña. Quien mira dentro despierta.
>
> CARL JUNG

> Visualizar es soñar despierto con un propósito.
>
> BO BENNETT

¿Cuál es el mejor escenario posible? Visualizad los hechos y los sentimientos

¿Qué tienen en común Oprah Winfrey, Arnold Schwarzenegger o Will Smith, aparte de que todos viven en California? Esas famosas personalidades, como muchas otras, emplean técnicas de visualización para alcanzar sus metas.

La visualización se produce cuando uno cierra los ojos e intenta imaginar el mejor escenario posible. Si el tuyo es que acepten tu oferta en una negociación, imagínate exponiéndola con seguridad. Puedes ver la reacción positiva en los rostros de los interlocutores, sentir el contacto de la mano al estrechar la mano para cerrar el trato, incluso saborear el éxito e imaginar cómo lo celebraréis ambas partes después. Con el tiempo, visualizar te permitirá entrenar la imaginación para alcanzar tus metas. La práctica penetra en el subconsciente y te guía con firmeza hacia el éxito. Tus propósitos crean una meta, que se traduce en concentración y resultados manifiestos.

AMIR Y STEPHEN: A lo largo de la escritura de este libro, visualizamos el producto final en nuestras manos, con ejemplares alineados al fondo de la sala de juntas y distribuidos entre los lectores. Evocamos la imagen de los efectos positivos que estas lecciones ya habían tenido en muchas vidas, y visualizar que tendrían una difusión más amplia nos ayudó a superar las dificultades y a avanzar hasta alcanzar nuestra meta. La visualización funcionó como un imán a través del cual canalizamos nuestra energía positiva.

Los deportistas profesionales también utilizan esta técnica. Un jugador de baloncesto puede practicar los tiros libres sentado en el sofá de su casa, imaginándose que lo está haciendo. La repetición de esta práctica, así como su visualización mientras se realiza la acción física, refuerza el impacto. Por ejemplo, cuando Jack Nicklaus y otros muchos juegan a golf, visualizan el swing, la trayectoria de la bola, dónde aterrizará y también la sensación ante el buen resultado del golpe.

STEPHEN: Soy aficionado al tenis y me gusta el juego competitivo. Para realizar el saque lo más rápido, directo y preciso posible, empleo la técnica de visualización que aprendí hace años de mi coach, el Dr. Stephane Bensoussan, experto en psicología holística. Para visualizar mejor, me enseñó primero a relajarme, despejar la mente y luego imaginar el resultado deseado. Imagino a qué velocidad irá la pelota y dónde caerá, para así obtener la ventaja en el partido. Imaginar esto antes de cada saque me exigió mucha disciplina, pero una y otra vez pude constatar la enorme diferencia que había entre aquellos servicios que efectuaba empleando esa técnica y cuando no lo hacía.

Así que primero me relajo, cierro los ojos y respiro hondo. Después imagino el saque y el lugar exacto donde caerá la pelota. Una vez visualizado, sencillamente dejo que el saque salga de mí (como en el libro *Zen en el arte del tiro con arco*). Es solo cuestión de segundos y, practicándolo a menudo, funciona enseguida.

Muhammad Ali, campeón del mundo de boxeo de los pesos pesados, afirmó: «Un hombre sin imaginación es un hombre sin alas». El boxeador ensayaba sus combates en su cabeza una y otra vez antes de subir al ring. Gracias a su poder de visualización —y, por descontado, a su habilidad pugilística—, Muhammad Ali consiguió ganar diecisiete de los diecinueve combates en los que predijo el resultado exacto. Muchos de sus detractores pensaban que era un engreído pero, para sus fans, el hecho de que pensara que era el más grande era justo lo que le distinguía de sus rivales. «Si piensas que puedes hacer algo, o crees que no puedes, tendrás razón», dijo Henry Ford. La visualización no es cuestión de magia, sino que nos ayuda a ver con mayor claridad lo que queremos y, con suerte, eso hará que pasemos a la acción para conseguirlo.

Hechos y sentimientos

La visualización incluye imaginar los hechos que quieres que se conviertan en realidad y cómo te sentirás cuando esto ocurra. A continuación, figuran unas preguntas que puedes plantearte mientras te preparas para la visualización:

Hechos

- ¿Qué aspecto tienen las cosas cuando todo está exactamente como yo lo quiero?
- ¿Qué resultados buenos he conseguido?
- ¿Qué aspecto tiene un entorno positivo para mí?

Sentimientos

- ¿Qué emociones positivas estoy sintiendo en este escenario?
- ¿Qué energía emano cuando me siento así?
- ¿Cómo me encuentro cuando me siento así?

El mejor escenario

El mejor escenario debe ser producto de la imaginación, pero no una mera fantasía. Imagina tu realidad ideal viéndote a ti mismo en el futuro que quieres crear. Átate figuradamente una goma elástica que tire de ti hacia el futuro. Si tu mejor escenario es irrealizable, cuando te dirijas hacia él no sentirás una atracción saludable. Por el contrario, si tu mejor escenario es realizable, te sentirás atraído y motivado por él. En otras palabras, el mejor escenario debe hacerte sentir esperanzado, y no escéptico o asustado. La goma elástica representa la tensión entre tus deseos para el futuro y el punto de partida actual. La tensión positiva entre el presente y el futuro te motivará a actuar para alcanzar el mejor escenario.

Amir: Un buen amigo arquitecto me explicó que en breve iba a presentar un proyecto al Ayuntamiento. Cuando le pregunté cuánto esperaba obtener, me dijo que sería fabuloso conseguir 200.000 $, pero acto seguido añadió: «Aunque eso será imposible». Le pregunté cómo esperaba convencer al Ayuntamiento de desembolsar esa cifra si él mismo no lo veía posible. Finalmente, decidió que 100.000 $ sería una cifra ajustada y realista, y trabajó más y con mayor denuedo para obtener esa cantidad que si su meta hubiera sido lograr 200.000 $. La razón es que el hecho de ver esa cifra como posible le animó y le motivó, y descartó sin titubear unas aspiraciones excesivas que podrían haber hecho fracasar el proyecto.

Existe un delicado equilibrio entre apuntar demasiado alto o demasiado bajo al imaginar el mejor escenario. Hallar ese equilibrio dependerá de tu valoración de lo que es posible, ya que lo que para unos es una fantasía a otros puede parecerles una meta racional. Si realmente crees en ti mismo y en tu potencial para llevar a buen puerto esa cuestión, apunta alto. Sin embargo, si no lo ves claro, es mejor rebajar las expectativas a lo que puedas imaginar en ese momento, y siempre estarás a tiempo de ajustar la visualización después. Si no lo puedes imaginar, entonces no ocurrirá, pero siempre debes intentar ir a más.

Aunque siempre has de imaginar el mejor escenario, no deberías crear expectativas muy bajas solo con el fin de poder alcanzarlas siempre. Eso sería como jugar al voleibol y no arriesgarse a rematar. Siempre debe existir un elemento de riesgo o incertidumbre, o de lo contrario tu meta no te inspirará, pues la recompensa no será suficiente. Supongamos, por ejemplo, que trabajas en un equipo en una empresa y solo te ofreces voluntario para las tareas con menor riesgo por miedo a fracasar en las más ambiciosas y defraudar a tus compañeros, o por temor a recibir una mala evaluación por parte de los supervisores. Aunque no haya que vivir en un mundo de fantasía, hacerlo un poco es mejor que no hacerlo en absoluto. Si tienes una meta que te inspira, eso te ayudará a concentrarte en los pasos necesarios para alcanzarla y a ver como oportunidades los problemas a los que te enfrentas.

Piensa en el discurso «Tengo un sueño» de Martin Luther King Jr. Cuando lo pronunció en 1963 parecía pura fantasía pensar que llegaría el día en que niños blancos y negros irían de la mano como hermanos y hermanas. Sin embargo, hoy en día la visión del mejor escenario de Martin Luther King ha inspirado cambios que nos han llevado a un presente en el que la discriminación no es ética y, en muchas ocasiones, tampoco es legal. Muchos de sus adversarios pensaban que estaba loco por imaginar semejante escenario, pero con su visión, resolución y esfuerzo —y la de muchos otros activistas de los derechos humanos y de la ciudadanía en general— consiguió acercarse a sus metas.

Por ello es importante no solo visualizar el mejor escenario, sino también formular un plan de acción para hacerlo realidad. La visualización es importante porque aclara cuál es la meta y proporciona energía positiva para seguir adelante. En los dos capítulos siguientes indicaremos cómo elaborar ese plan hacia el mejor escenario.

Trabajar por una visión compartida

Cuando visualices tu mejor escenario, piensa en el aspecto que tendría si todas tus necesidades estuvieran cubiertas y tus deseos personales satisfechos, y luego comparte esa visión con la otra persona. Trabajad juntos para visualizar un escenario que cumpla los deseos y necesidades de ambos. Podéis escribir vuestras ideas en la plantilla de trabajo o dibujar las imágenes en una hoja en blanco. No importa cómo lo expreséis, siempre y cuando los dos os entendáis y estéis satisfechos con el escenario que hayáis creado juntos.

Para llevar tu mejor escenario aún más lejos, imagínate qué sería lo óptimo para el bien común (por ejemplo, tu comunidad, o incluso el mundo en general). Pongamos por caso que tienes un conflicto con tu pareja; imagínate cómo la resolución del mismo podría crear un ambiente familiar más sereno y, como resultado, también para vuestros hijos. Intenta pensar más allá del problema inmediato y ver qué valores comunes reforzarían la solución del problema. Pregúntate: «¿Cómo puede nuestro escenario mejorar la familia, la empresa o la comunidad en general?» Recuerda que Martin Luther King quería una sociedad mejor y no únicamente acabar con la segregación.

Claves

- Tu mejor escenario es un sueño, pero no imposible de conseguir.
- Utiliza técnicas de visualización para experimentar tu mejor escenario.

- Cierra los ojos e imagínate en el futuro, viviendo tu mejor escenario.
- Pregúntate: ¿Qué aspecto tienen las cosas cuando todo es como debe ser? ¿Qué logros he conseguido? ¿Cuáles son mis pensamientos positivos?
- Los estudios demuestran que ejercitar la imaginación mediante técnicas de visualización ayuda a conseguir nuestras metas.

Ejercicios

1. La visualización creativa

Ponte cómodo, sentado o recostado, en un lugar tranquilo donde nadie pueda molestarte y relaja tu cuerpo completamente. Imagina un lugar agradable y seguro, como un paisaje bucólico o una playa. Respira hondo y expulsa la tensión de tu cuerpo. Cuenta hacia atrás, del diez al uno, relajándote cada vez más con cada número. Visualízate en ese lugar en el futuro y déjate llevar por la alegría de ver que todo es tal como debe ser. Deja que esas imágenes, sonidos y sentimientos te envuelvan realmente y ahora que estás por completo relajado...

Fíjate una meta. Decide qué te gustaría tener y trabaja para lograrlo.

- Crea una idea o imagen clara de la realidad que te gustaría. Piensa en ella en presente como si ya existiera. Imagínate en esa situación e incluye todos los detalles posibles.

- Concéntrate en ella, visualizando la imagen en tu mente. Concéntrate más pero con suavidad y calmadamente. Infúndele energía positiva contemplándola de manera motivadora. Convéncete a ti mismo de que ya existe o de que pronto lo hará. Deja a un lado cualquier duda o prejuicio que puedas tener. Si cambias de meta, o se reduce su importancia para ti, modifica tu energía. Cuando alcances un objetivo, asegúrate de que admites de forma consciente que lo has logrado. Dale las gracias al universo por conceder tu petición.

2. Dar vida a la realidad ideal

Crea un collage de tu mejor escenario. Recorta imágenes de revistas viejas que te conmuevan o te potencien pensamientos positivos e imágenes de lo que esperas lograr en el futuro. Muestra la composición a la otra persona y pregúntale qué ve en ella y qué le evoca. Después explícale qué ves tú y por qué elegiste esas imágenes. Repetid el ejercicio invirtiendo los papeles. Comentad e identificad lo que tenéis en común y dialogad acerca de las diferencias importantes hasta alcanzar una visión conjunta. Podéis realizar este ejercicio también con una web como Pinterest, que Stephen utiliza para compartir imágenes inspiradoras y citas de pacificadores.

9

¿Qué obstáculos existen que nos impidan lograr este mejor escenario?

> Si encuentra un camino sin obstáculos, lo más probable es que no lleve a ningún sitio.
>
> FRANK A. CLARK

Los obstáculos son retos específicos que te impiden realizar cada elemento de tu mejor escenario. Pueden ser internos —como la manera de pensar o la falta de conocimientos— o externos, como el comportamiento de los demás o la falta de recursos.

La mejor manera de identificarlos es pensar en los elementos clave del mejor escenario y luego escribir lo que los obstaculiza. Observa el siguiente ejemplo:

> Anne y Rick tienen conflictos cada semana con respecto al dinero y eso está afectando a su relación en aspectos como la confianza, el respeto y la intimidad. Rick es más derrochador, mientras que Anne es más ahorradora.

¿Cuál es el verdadero conflicto subyacente? Hay una divergencia en cómo gasta cada uno de ellos su dinero, y en ello influye la relación que sus padres tenían con este cuando Anne y Rick eran niños. Al igual que Rick, el padre de Anne también era un derrochador, hasta el punto de que la familia tenía que que mudarse cada año a un barrio peor. Anne tuvo que cambiar de escuela varias veces y esto le dificultó hacer amistades, y por eso relaciona el derroche con su niñez infeliz.

Rick procede de una familia acomodada. Tanto su padre como su madre trabajaban muchas horas y viajaban mucho. Compensaron la falta de tiempo dedicado a su hijo comprándole todo lo que quería: regalos, juguetes y ropa. Rick nunca tuvo que trabajar para ganarse lo que recibía, ni hacer tareas en casa a cambio de la paga. Para él, el dinero representaba cariño, como le mostraban sus padres durante su ausencia.

Al recurrir al método Nonflict, Anne y Rick hablaron de sus ideas y sentimientos hacia el dinero y se dieron cuenta de que su actitud ante este tema tan sensible era fruto de su pasado. Entendieron que cuando Anne se mostraba molesta porque Rick se compraba otro cacharro electrónico era debido a que, a ella, esto le recordaba la posibilidad de perder su hogar. Para Rick, derrochar significaba cariño y, como Anne se lo impedía, lo interpretaba como que no le quería. Obviamente, para los dos el dinero era más que dinero.

Conversaron de forma abierta acerca del dinero, de lo que les funcionaba bien y del estado de sus finanzas, y se dieron cuenta de que entre los dos tenían un balance muy saneado; uno y otra tenían un buen trabajo y bien remunerado. Además, se amaban y deseaban tener hijos a corto plazo. Formaban un buen equipo y se equilibraban el uno al otro.

El peor escenario, de no haberse resuelto el conflicto, sería que continuaran peleándose, distanciándose cada vez más y, con el tiempo, llegaran a divorciarse. Aprendieron que los conflictos sin resolver relativos al dinero son una de las principales causas de divorcio, y tenían claro que deseaban evitarlo.

Encontraron su mejor escenario: descubrieron que confiaban en el buen juicio del otro, que se sentían amados con independencia del dinero y que tenían suficiente para sentirse seguros, tener hijos y jubilarse tranquilamente.

Obstáculos

- Anne y Rick no han hablado de cuánto dinero necesitan para sus necesidades y deseos.
- Cuando tengan un hijo, Anne deberá dejar de trabajar durante una temporada y eso afectará a sus ingresos. Tener más hijos implicará más tiempo sin trabajar y más gastos relacionados con ellos.
- Si tienen más de un hijo, lo más probable es que necesiten una casa más grande, con los consecuentes gastos adicionales.
- Anne y Rick tienen que ponerse de acuerdo sobre lo que significa disfrutar de una jubilación tranquila, la edad a la que quieren retirarse, cuánto dinero quieren ahorrar y cuándo empezar a hacerlo.
- Los padres de Anne y Rick ya están jubilados y si necesitasen ayuda financiera por parte de sus hijos, esto sería también un obstáculo en sus planes.

Desmenuzar los obstáculos y digerirlos en porciones más pequeñas hace más llevadero el conflicto. Si se examina un solo obstáculo a la vez, el problema se vuelve menos abrumador.

Claves

- Los obstáculos son retos específicos que te impiden lograr el mejor escenario.
- Un conflicto es más llevadero si lo divides en partes pequeñas.

Ejercicio

Identifica tu actitud con respecto al dinero.

¿Cuáles son tus creencias referentes al dinero?

10

¿Qué podemos hacer para superar dichos obstáculos? ¿Quién hará qué cosa y cuándo?

> Señor, concédeme serenidad para aceptar lo que no puedo cambiar, valor para cambiar lo que soy capaz de cambiar y sabiduría para entender la diferencia.
>
> REINHOLD NIEBUHR,
> *Plegaria de la serenidad*

> Existen dos maneras de enfrentarse a las dificultades: cambiar las dificultades o cambiar la actitud al enfrentarse a ellas.
>
> PHYLLIS BOTTOME

Obstáculos controlables y no controlables

Una vez identificados los obstáculos para tu mejor escenario, hay que dividirlos entre los que puedes controlar o en los que puedes influir, y aquellos que no. No vale la pena intentar cambiar los obstáculos inamovibles o fuera de tu alcance. Es mejor aceptarlos y seguir adelante. Esa es la base de la filosofía estoica, una de las escuelas filosóficas con mayor peso en las antiguas Grecia y Roma.

A continuación, identificamos algunos obstáculos no controlables:

- El comportamiento y los sentimientos de los demás. Solo puedes influir en los demás si ellos te lo permiten. Al final, la decisión de cambiar o no es solo suya.
- Toda fuerza que consideres superior a tus posibilidades. Por ejemplo, en el caso de Anne y Rick, sería la inflación, el rendimiento de la bolsa en general y la legislación que afecte a sus pensiones y a las de sus padres.

Aprender a aceptar lo que no eres capaz de controlar te libera para concentrarte en lo que sí puedes. Aunque no puedes tener dominio sobre lo que piensan y hacen los demás, sí está en tu mano controlar tu reacción o la percepción que tienes de las cosas.

Crear un plan de acción

Una vez identificados los obstáculos en los que es posible influir, ya podéis trabajar en equipo en los pasos a tomar para superar esas trabas. Decidid quién se encargará de cada tarea, qué implica cada una de ellas y el plazo de tiempo para llevarlas a cabo. Intentad crear un plan que os entusiasme a uno y otro para los próximos tres o seis meses. Empezad con pasos pequeños y avanzad día a día.

Si os cuesta decidir qué acciones tomar para superar los obstáculos controlables, en los ejercicios al final de este capítulo figura una propuesta de puesta en común.

A Anne y Rick, decidir cuánto dinero necesitan para cubrir sus necesidades les obliga a elaborar juntos un presupuesto y poner por escrito su situación les ayuda a entenderla mejor y da lugar a decisiones constructivas. En sus gastos pueden incluir gastos discrecionales para Rick para que no se sienta agobiado o quejoso, mientras que, a la vez, se atiende la necesidad de Anne de disponer de mayor seguridad. El presupuesto puede incluir situaciones del tipo «qué pasaría si…» en caso de que Anne dejara de trabajar o cambiaran de casa al nacer uno o más hijos. También pueden consultar con sus padres para estimar qué posibilidades hay de que puedan necesitar ayuda económica o de otro tipo. Al co-crear su realidad ideal, las dos personas se unirán más que nunca y se generará una mayor confianza y respeto mutuos.

Garantizar la responsabilidad y el seguimiento

Al plantear y responder a las preguntas «¿Quién hará qué y cuándo?» se garantiza la responsabilidad y se lleva la conversación a su conclusión natural. Luego, todas las partes deben sentirse satisfechas con la resolución del asunto y ser conscientes de que ese proceso no es meramente un ejercicio de diálogo, sino que conlleva resultados tangibles. En ocasiones, basta con que las partes hablen de cómo ven y sienten el conflicto, pero la mayoría de las veces es necesario asegurarse de que habrá un seguimiento por ambas partes y se actuará en consecuencia. Es importante, por lo tanto, crear mecanismos para garantizar esa mutua responsabilidad. Como parte del plan de acción, acordad una fecha y un lugar para encontraros y ponedlo en práctica. Si estáis en vuestro lugar de trabajo, podéis escribir el plan de acción en la pizarra o en algún programa ofimático. En casa, lo podéis colgar en la puerta del frigorífico (pronto estos también tendrán programas informáticos). Animaos el uno al otro para seguir el plan de acción y llevar a cabo así el futuro que habéis co-creado.

Resolver el conflicto conjuntamente deja la puerta abierta a una mayor comunicación constructiva y, a medida que van cambiando las circunstancias, se puede enmendar, mejorar y cambiar la resolución.

Anne y Rick decidieron que ella llevaría las cuentas de los dos, lo que le dio seguridad. Rick recibiría una mensualidad que incluiría una parte discrecional que podría gastar o ahorrar para comprarse un nuevo aparato electrónico en cuanto saliera a la venta. Los dos estuvieron de acuerdo en que iban a tener un hijo al cabo de tres años y, por lo tanto, ahorrarían dinero para ello, una decisión que ya habían contemplado en su presupuesto. También cambiaron el destino de sus vacaciones. En lugar de ir a un complejo turístico en una isla lejana, se dieron cuenta de que disfrutarían igual en una casa en un lago cercano y que les costaría 5.000 $ menos. Y acordaron también revisar sus finanzas cada tres meses para comprobar que se ajustaban a sus objetivos.

Claves

- Primero, separad los obstáculos en los que es posible influir de los que están fuera de control. Hay que concentrarse en las trabas controlables y aceptar las que no lo son.
- Después, repartid las tareas para superar los obstáculos controlables. Decidid quién se hará cargo de cada tarea, qué implicará esta y el plazo de tiempo necesario para llevarla a cabo.
- Fijad un plan a largo plazo.
- Garantizad el cumplimiento de lo acordado.

Ejercicios

1. Puesta en común

Si estás utilizando el método Nonflict con otra persona y no puedes dar con la solución al conflicto, considera compartir el problema en grupo, ya sea en el seno de la familia, en la empresa o en un marco asociativo. Expón ante el grupo los resultados del método Nonflict y las consecuencias derivadas. Pídeles que escriban sus ideas y sus posibles soluciones en un papel y, después, que todos las compartan con el grupo, escribiéndolas en la pizarra. Observa si hay repeticiones y márcalas. Es importante que todos se tomen el tiempo necesario para pensar antes de presentar las propuestas al grupo, ya que, cuando uno comparte una buena idea, los demás se emocionan y se olvidan de las suyas originales. Con esta técnica ampliarás el abanico de ideas compartidas.

Otra técnica es hacer que cada persona pase sus ideas escritas en un papel a la persona sentada a su derecha, quien, a su vez, apunta las suyas. Luego cada uno comparte con el grupo sus ideas y las de la otra persona.

2. Si yo fuera...

Para cambiar tu perspectiva, imagínate que es otra persona quien se enfrenta al mismo problema. Si fuera tu mejor amigo, tu madre o un experto en el campo de los conflictos, ¿cómo resolvería el conflicto? Deja que tu mente divague y profundice realmente en la personalidad y el comportamiento de la otra persona.

3. Pioneros del cambio

Si aún tienes problemas para dar con posibles soluciones, asegúrate primero de que «no hay nada más» en los hechos y sentimientos. Tómate un momento para revisar el proceso hasta llegar a este punto. ¿Has olvidado algo? Si aún no has resuelto la situación no te desanimes ni te des por vencido porque eso no significa que no exista una solución. Algunos problemas requieren más tiempo para su resolución y a veces existen factores exteriores que necesitan ser aclarados. Lo importante es que todo el mundo tenga interés en buscar una salida, así como la paciencia y tenacidad para continuar trabajando hasta dar con ella. Si persiste el desánimo, haz una lista de personas admirables, de figuras que han cambiado el mundo como Martin Luther King Jr. o Gandhi, por ejemplo. Acto seguido imagina en qué mundo tan diferente viviríamos si estas personas hubieran pensado que no podían alcanzar sus metas. A continuación, fija un día y una hora para volver a intentar desarrollar de nuevo un plan de resolución.

11

El método Nonflict en diferentes entornos

Lo que es odioso para ti no se lo hagas a tu semejante.

Esto es la Torá y el resto son comentarios.

HILEL EL SABIO

Puedo empezar hablando de nuestras diferencias y quizá nunca llegue a lo que tenemos en común, o puedo empezar hablando de lo que tenemos en común en nuestras religiones y, quizá, solo quizá, las diferencias se solucionarán por sí solas.

DR. ZIJAD DELIC

Hasta ahora hemos hablado de cómo emplear el método Nonflict en conflictos entre dos personas. Ahora veremos cómo aplicarlo en otros tipos de problemas, tales como los internos, grupales y globales, que puede que se basen en la identidad.

Conflictos internos

Los conflictos internos son los que llevamos dentro de nuestra propia mente por problemas de intereses, ideas y deseos. En un momento dado en nuestras vidas, todos tenemos conflictos para mantener el equilibrio entre el trabajo y la familia o entre la libertad y la responsabilidad, por ejemplo. Y es propio del ser humano tener varias ideas complejas y que pueden contradecirse entre sí.

Un conflicto interno muy común está relacionado con la comida. La elección entre decantarse por manjares deliciosos pero excesivos o escoger una alimentación más sana puede ser crónica y frustrante. Nos tientan con comida apetitosa por todas partes, en carteles publicitarios y en anuncios en la televisión, y a menudo es muy difícil optar por una alimentación que nos mantenga sanos y fuertes.

> AMIR (Stephen también ha vivido esa experiencia): Durante años he mantenido un conflicto interno acerca de mi peso y mis hábitos alimentarios. Leí muchos artículos sobre cómo perder peso, hojeé numerosos libros de dietas y, gracias a una práctica deportiva intensa, sabía qué es la autodisciplina. Por ello, y aunque en un primer momento me sintiera muy optimista ante la labor a realizar, no podía confiarme excesivamente. Cuando empezaba una dieta, por ejemplo, siempre me sentía muy animado, pero al cabo de unos días mi mente empezaba a justificar mis malas decisiones y podía llegar a decirme: «Me he portado tan bien que merezco un trozo de pastel». O podía comerme tres barritas de cereales con chocolate, en lugar de una madalena con pepitas de chocolate, porque las barritas eran más sanas. Y poco a poco todo se venía abajo porque siempre encontraba la manera de burlar mis propias reglas.
>
> A veces me despertaba por la noche debido a la pesada digestión de una cena copiosa con azúcares y grasas, y con los consiguientes remordimientos. Y en ese mismo momento decidía que a partir de la mañana siguiente iba a tomarme las cosas más en serio, hasta que recordaba que al día siguiente me esperaban varias reuniones de trabajo. Y las reuniones de trabajo suelen significar comer un montón de hidratos de carbono y, solo si la empresa para la que trabajaba, velaba por la salud quizá me ofrecerían un par de manzanas. Ya puedes imaginarte cómo acaba la historia: con suerte, me comería solo un cruasán de chocolate y me guardaría una manzana en la cartera para después. Ya es algo, ¿no?

Si deseas emplear el método Nonflict para resolver un conflicto interno, sigue los mismos pasos que para uno externo. Para ello, separa primero los deseos en conflicto como si fueran los de dos personas diferentes. En los dibujos animados a veces vemos retratado este tipo de conflicto cuando a alguien se le aparece un ángel en un hombro y el diablo en el otro.

En la mayoría de ocasiones, los deseos no son completamente opuestos, sino que representan versiones distintas de nosotros. Por ejemplo, si estás en conflicto entre si debes hacer dieta o comer lo que te venga en gana, deberías separar por un lado la voluntad de estar sano y, por el otro, la libertad de comer lo que te apetezca, y verlos como los deseos de dos personas diferentes. Observa el conflicto como si tuviera lugar entre dos personas, una partidaria de una vida sana y la otra defensora de la libertad de elección, y, al seguir los pasos del método Nonflict, cuando leas las palabras «yo» o «la otra persona», reemplázalas con las representaciones de los dos deseos que llevas dentro. Al llegar al «Paso 3. La co-creación», imagina a esas dos personas sentadas y trabajando para satisfacer los deseos de ambas.

Paso 1. Entenderse a uno mismo y a la otra persona

La persona partidaria de una vida sana:

El conflicto es que constantemente estoy tentado de saltarme la dieta comiendo cosas apetitosas pero que suelen tener un alto contenido calórico y de grasas. Esto me hace sentir que me falta autocontrol y que no soy capaz de seguir una rutina con disciplina y, a la vez, disminuye mi autoestima. Para mí es importante elegir bien lo que como porque afecta a mi salud, a mis niveles energéticos y a mi vitalidad en la rutina cotidiana.

La persona favorable a la libertad de elección:

El conflicto es que al seguir esas dietas me siento agobiado y prisionero de ellas. En la vida hay que controlar muchas cosas, así que ¿por qué no puedo relajarme en lo que respecta a la comida? Cuando hago dieta siento que me estoy perdiendo una parte de mi vida que merezco disfrutar porque trabajo muy duro en otras cosas. La dieta me hace sentir estresado y preocupado y para mí es muy importante relajarme cuando no estoy trabajando o cuando disfruto de mi tiempo libre con la familia.

Paso 2. Entender la realidad compartida

¿Cuál es el fundamento real del conflicto?

Deseos enfrentados. Un conflicto entre la voluntad de estar sano y el deseo de sentirse libre y relajado, abandonándose y viviendo el momento despreocupadamente.

¿Qué nos funciona bien?

Soy consciente de que tengo un problema. He tomado otras grandes decisiones para mejorar la salud, como hacer ejercicio.

Tengo amigos y familia que me apoyan en este esfuerzo. Sé lo que me conviene.

¿Cuál es el peor escenario posible?

Seguiré comiendo lo que me apetezca y ganando peso —y eso perjudicará mi autoestima, mi capacidad para seguir el ritmo de mis hijos y mi salud en general— o mantendré la dieta y me sentiré agobiado y no disfrutaré plenamente de la vida.

Paso 3. La co-creación

¿Cuál es el mejor escenario posible?

Me siento sano y feliz. Tengo energía y fuerzas para llevar a cabo actividades físicas, como practicar deporte, bailar o jugar con mis hijos. Puedo disfrutar de mi comida favorita y salir a cenar con los amigos. Me gusta viajar y ya no me preocupa lo que voy a comer en los viajes de trabajo. Tengo la mente clara y en paz. He encontrado una solución que funciona a largo plazo.

¿Qué obstáculos existen que nos impidan lograr este mejor escenario?

- Mi trabajo me obliga a viajar mucho y la incertidumbre de qué voy a poder comer durante los viajes dificulta mantener una dieta sana.
- El estrés que siento me pone de los nervios, vence mi autocontrol y me impulsa a comer chucherías.

- La falta de tiempo, o sencillamente la pereza, para cocinar comida sana en casa.
- Mi dificultad para seguir una dieta, que puede deberse a la falta de confianza en mí mismo.
- El hecho de que buena parte de los alimentos sanos no satisfacen mis antojos.

¿Qué podemos hacer para superar dichos obstáculos?

- No quiero cambiar de trabajo, ya que me encanta lo que hago y el impacto que este tiene en la vida de los demás, pero puedo llevar conmigo una fiambrera con comida sana por si las empresas que visito no disponen de opciones saludables.
- Puedo controlar el estrés haciendo diez minutos de meditación o ejercicio cada mañana.
- Puedo organizarme y cocinar en casa provisiones para comerlas a lo largo de la semana, o pedir ayuda a la familia para prepararlas.
- Puedo reflexionar acerca de cómo superé otros obstáculos en el pasado para influir en mi actitud. Y puedo poner en práctica lo aprendido si me ajusto a un plan cuando se trata de alcanzar un objetivo muy importante.
- Puedo tomar como ejemplo a amigos que siguen una dieta sana.
- No puedo cambiar a qué saben ciertos alimentos, pero sí puedo pedir a un dietista que me recomiende platos sanos más apetitosos.

- Puedo cambiar mi percepción sobre quién está al mando y qué es lo que más me conviene.

Gracias al método Nonflict, el peso y la salud de Amir están bien encaminados.

En grupos

No todos los conflictos externos ocurren entre dos personas. En los que se producen en las familias, empresas o comunidades pueden verse involucrados muchos individuos diferentes, pero eso no conlleva que el Nonflict se vuelva más complicado: es el mismo método. La modificación más importante consiste en que debe designarse un líder. Cuando en un conflicto se encuentran involucradas más de dos personas, el proceso llevará más tiempo porque habrá que tener en cuenta todas las perspectivas presentes y si cada uno de los individuos tuviera que escuchar y reflejar cada perspectiva, el proceso se alargaría demasiado y resultaría frustrante. Por ello sugerimos que se elija a una persona del grupo —alguien ya familiarizado con la técnica—, que ayude a cada individuo a realizar el paso 1 y a reflejar esas perspectivas para todo el grupo. El líder se encargará de que el grupo se mantenga concentrado en su objetivo y será la persona clave para sintetizar las perspectivas, ayudar al grupo a identificar el conflicto real subyacente del paso 2 y encontrar una resolución que respete todos los intereses involucrados en la creación de la realidad ideal del grupo (paso 3).

Otras sugerencias

1. **Aprovecha la presencia de público.** Tanto en caso de un conflicto interno, uno entre dos personas o bien uno grupal, aprovecha cualquier comunidad que tengas a tu disposición para exponer tus ideas, ya sea un foro en el trabajo u online, en una reunión familiar o en tu iglesia. Expón el conflicto al grupo empleando el método Nonflict y utiliza al grupo para ayudarte en la resolución de temas complejos o simplemente para escuchar su opinión sobre una decisión ya tomada. Aceptar que a veces no puedes lograr las cosas solo y escuchar las opiniones de un grupo puede ofrecerte alternativas que no se te habían ocurrido.

2. **Aprovecha la tecnología.** Aunque siempre es mejor resolver un conflicto cara a cara, comprender y alcanzar una resolución en la actual aldea global gracias a la tecnología audiovi-

sual, que permite el contacto visual, es mucho mejor que hacerlo solo telefónicamente y, sin duda, cualquiera de estas soluciones es preferible a tratar de resolver conflictos mediante el correo electrónico. Existen muchas opciones tecnológicas de videoconferencia para usuarios múltiples y los autores utilizamos Skype y Zoom.

3. **Genera mayor cohesión en el grupo.** En el apéndice figuran más ideas sobre cómo cohesionar grupos en familias y empresas.

Entre grupos

Tanto Amir como Stephen tenemos un profundo interés personal en ayudar a aprender a coexistir a grupos de personas con conflictos históricamente turbulentos. Buena parte de nuestro trabajo está dedicado a aproximar a grupos en conflicto y reunirlos para que aprendan a ganarse la confianza y el respeto mutuos.

Amir organiza foros de paz para directivos y empresarios de regiones conflictivas, por ejemplo entre ejecutivos israelíes y árabes o entre griegos y turcos. En esas reuniones transformadoras, el aprendizaje de la mutua comprensión a partir de escucharse unos a otros e imaginarse cómo se sentirían si se hallaran en el lugar del otro permite a menudo desmentir muchos estereotipos. Las estrictas normas de confidencialidad con las que se rigen esos encuentros fomentan una intimidad que permite a los participantes decir cosas que desvelan informaciones que no suelen oírse y que se censuran en el discurso público y en la prensa. Los miembros del grupo trabajan en común en la definición del problema real subyacente escribiendo sus propias perspectivas del conflicto y sintetizan las opiniones en un acuerdo sobre cuál es el problema. A partir de ahí pueden desarrollar una visión compartida para el futuro y pensar en cómo alcanzarla. Los pasos y las preguntas del método Nonflict ofrecen el marco para ese diálogo y guían en una dirección constructiva. (Para más información sobre este tema, véase el apéndice.)

> Un participante israelí: Las reuniones con la otra parte fueron lo más significativo que he hecho en mi vida. Tuvieron más sentido para mí que cualquiera de las empresas que he creado, más que todas las personas que he contratado y todos mis logros anteriores. Todo el mundo, de una y otra parte, estaba allí para escuchar cosas que no se oyen en los medios ni en boca de los políticos. Si me hubieran pedido que predijera las perspectivas de la otra parte antes de conocerles, me hubiera equivocado. Aunque me interesa la política y sigo las noticias regularmente veo que, al fin y al cabo, son opiniones de periodistas, políticos y líderes locales que tienen sus propios intereses. Pero al hablar con la gente de la calle, fui capaz de entender cosas que antes no. Y por primera vez comprendí las prioridades de la otra parte, qué era lo que estaban dispuestos a sacrificar y qué no. El estereotipo en Israel es que los árabes no quieren poner fin al conflicto. Hoy día, no pienso así.

UN PARTICIPANTE PALESTINO: Partiendo de una total desconfianza, una ansiedad e incluso un resentimiento entre las dos partes, construimos unos nuevos cimientos de amistad y trabajo en equipo en favor de un mejor entendimiento y un futuro en común.

Stephen ha utilizado el método Nonflict en los eventos «Art of Peace», en los que se aborda el conflicto entre palestinos e israelíes y el problema entre anglófonos y francófonos en Canadá. En esos encuentros, numerosas figuras destacadas de la comunidad y del mundo empresarial han descubierto el poder del método Nonflict y cómo puede transformar futuras negociaciones. Además de utilizarlo en esos eventos, Stephen lleva el método Nonflict consigo cuando viaja por todo el mundo e intenta aprovechar cualquier reunión para difundir el mensaje del mismo. Para ilustrarlo con un ejemplo, el método tuvo un impacto importante en un viaje de Stephen en 2013 a un campamento de refugiados en Cisjordania.

STEPHEN: En el campo de refugiados visité una cooperativa de mujeres para conocer los retos a los que se enfrentaban a diario. Durante nuestro encuentro, compartí con ellas el método Nonflict como instrumento para la resolución de conflictos. Al cabo de cuatro horas, las mujeres pasaron de la desconfianza hacia los canadienses a la calidez y la confianza. Esas palestinas estaban asombradas y querían emplear el método Nonflict con sus maridos. Además, estaban dispuestas a reunirse con hebreas para ver si el método Nonflict facilitaría un diálogo constructivo y les permitiría obligar conjuntamente a los políticos a encerrarse en una sala para aprender el método. Esas madres no les dejarían salir de allí hasta que no alcanzaran un acuerdo de paz. Esta experiencia sirvió para hacerme ver cómo el método Nonflict puede animar a la gente a arriesgarse. A esas mujeres, reunirse con israelíes podía acarrearles consecuencias muy negativas —podrían ser acusadas de colaboracionismo o de alentar la normalización— pero el método Nonflict resultó suficientemente sólido como para hacerlas sentir seguras y confiadas en que merecía la pena correr ese riesgo. Conocer a estas mujeres que estaban dispuestas a arriesgarse me inspiró a emplear el método Nonflict para mi propio conflicto interno: ¿en que debía centrar mi futuro? El proceso me llevó a dejar una carrera segura en una compañía inmobiliaria para dedicarme por completo a compartir el método Nonflict.

Claves

- Con pequeños ajustes, el método Nonflict funciona tanto para conflictos internos como para los de grupo.
- Para los conflictos internos hay que separar los deseos opuestos como si fueran los de dos personas diferentes y luego seguir los pasos del método.
- Para los conflictos de grupo, hay que elegir un moderador que lidere el proceso y refleje a los miembros cuando sea necesario.
- Para los conflictos entre grupos, hay que buscar un mediador imparcial que guíe a las partes a lo largo del método Nonflict. Si no lo hubiese, los miembros de los grupos pueden familiarizarse con el método Nonflict y llevar a cabo juntos el proceso hasta la resolución.

Ejercicio

Identificar los propios conflictos internos

Todos tenemos conflictos internos. Piensa en uno que tengas y emplea el método Nonflict para ayudar a resolverlo.

12

Preparación de los diálogos Nonflict

Antes que nada, la preparación es la clave del éxito.

ALEXANDER GRAHAM BELL

La preparación adecuada es esencial para el éxito de una sesión de resolución de conflictos constructiva. Actuar por impulso o reaccionar sin pensar cuando uno está rodeado de gente no suele dar buenos resultados.

1. **Encuentra un sitio tranquilo.** Busca un entorno donde no os molesten.
2. **Siéntate frente a la otra persona.**
3. **Consulta el método Nonflict o la plantilla de trabajo del apéndice.** Explica el método a la otra persona.
4. **Comprueba que hay consentimiento.** Asegúrate de que todas las partes estén completamente de acuerdo en emplear el método Nonflict en el proceso de resolución del conflicto.

¿Qué pasa si la otra persona no quiere emplear el método Nonflict?

Puede que tu interlocutor no quiera probar un método nuevo o sospeche que intentas manipularle empleando el método Nonflict. La única manera de superar esta barrera es intentar hacer que se sienta respetada y vea que intentas entenderla. Puede que tengas que dejarle tiempo y espacio para entablar la conversación cuando esté dispuesta. Si acabáis de discutir, a veces es mejor dejar espacio y tiempo para calmarse.

Cuando sea el momento adecuado, hazle las preguntas empleando el método Nonflict —los pasos marcados en el capítulo 2—, y practica la escucha activa y refleja como un espejo —véase el capítulo 4— sin pedir que la otra persona haga lo mismo. La mayoría de la gente se relaja si primero la escuchan. Si puedes reflejar lo que dice tu interlocutor en un tono calmado, demostrando empatía y validándolo, puedes lograr que se encuentre mentalmente más dispuesto a escuchar tu punto de vista.

¿Qué hacer si la otra persona se niega a escucharme?

Si tu interlocutor aún no se muestra dispuesto a entablar la conversación, quizá habrá que introducir a un tercer individuo imparcial para ayudaros a conducir el proceso del método Nonflict. Esta tercera persona funcionará como mediadora, garantizando que las dos personas en conflicto guarden la compostura, respondan a las preguntas correctas y se reflejen en los momentos adecuados. Si las partes están realmente enfadadas y se niegan a reflejarse una a la otra, el mediador puede servir de espejo para ambas. La tercera persona no expresará sus sentimientos ni interrumpirá a las otras, sino que se asegurará de que ambas partes sigan el proceso del método Nonflict. Pueden ser buenos mediadores aquellos terapeutas que hayan leído este libro —en conflictos de parejas—, los padres —en conflictos entre hermanos—, o una persona mutuamente respetada y de confianza que esté dispuesta a leer este libro y a ayudar. Después de recibir ayuda para seguir el proceso, las partes deberían poder resolver conflictos futuros por sí solas empleando el método Nonflict.

Sea cual sea el camino que elijáis para iniciar la conversación, hallad la manera en que unos y otros os sintáis cómodos. Ninguna de las partes debe sentirse arrinconada, porque cuando las personas se sienten atrapadas no suelen abrirse al diálogo. Esto es esencial para garantizar un proceso respetuoso y eficaz.

Una vez que ambas partes estéis en la misma disposición, tomaos el tiempo necesario para realizar los tres pasos.

Recordad:

- respirad hondo, inspirando y espirando de forma profunda y lenta;
- y mantened un contacto visual sereno, sin miraros fijamente.

13

El método Nonflict: un breve resumen

Al empezar a leer este libro quizá tenías en mente un conflicto en concreto pero te habrás dado cuenta de que el método Nonflict puede utilizarse en muchos otros, incluidos los internos. Como cualquier otra habilidad, cuanto más lo practiques, más fácil te resultará y pronto desearás compartir sus lecciones y experiencias vitales con otras personas.

Stephen y Amir fundamos Million Peacemakers, una organización sin ánimo de lucro cuya misión es la difusión de estas herramientas entre familias, empresas y comunidades. Puedes visitar la web www.millionpeacemakers.org, donde publicamos información de interés, así como nuevas ideas y experiencias. ¡Te invitamos a ser también uno entre un millón!

Y a continuación resumimos las claves de cada uno de los pasos del método Nonflict:

Paso 1. Entenderse a uno mismo y a la otra persona

A. Comparte tu punto de vista del conflicto: ¿Cuál es el conflicto? ¿Cómo me hace sentir? ¿Qué es lo importante para mí?

- Los esquemas de interpretación de cada uno determinan cómo se ve una situación o un conflicto.
- Cuando se reconoce la existencia de ese encuadre, estamos en mejor disposición para aceptar los puntos de vista de los demás como equivalentes a los nuestros —y no como correctos o erróneos—, lo que conlleva una resolución que ha de tomar en cuenta todas las perspectivas relevantes.
- La comunicación constructiva emplea frases sencillas usando el «yo» sin criticar o avergonzar a la otra persona.
- El autoconocimiento y la habilidad de ser honesto y vulnerable con la otra persona son claves para asegurar que se cumplan nuestras necesidades y deseos.

B. La otra persona refleja la esencia de lo que has dicho y te pregunta: ¿Te he entendido bien? ¿Hay alguna cosa más?

- Reflejar depende de la escucha activa. Presta atención a las palabras de la otra persona, el lenguaje corporal y el tono.
- Reflejar quiere decir parafrasear y no repetir lo dicho palabra por palabra.
- Reflejar requiere empatía. Deja a un lado el ego y ponte en el lugar de la otra persona.

- Como seres humanos, tenemos una gran capacidad de empatizar con otros, por enojados que estemos.
- Reflejar conduce a la validación. Esta crea confianza y ayuda a la otra persona a abrirse.
- Después de que tu interlocutor te refleje, intercambiad los papeles y repetid los pasos.
- Cuándo se pregunta «¿Hay alguna cosa más?» se anima a la otra persona a profundizar y a buscar la causa real subyacente del conflicto.

Paso 2. Entender la realidad compartida

A. Tú y la otra persona dialogáis y os preguntáis: ¿Cuál es el fundamento real del conflicto?

- Diferenciad las causas y los síntomas. Las primeras son la fuente real del conflicto.
- No os empantanéis en acciones o personas específicas.
- Centraos en el tema en su totalidad.
- Preguntaos: ¿Por qué estas dos perspectivas válidas se contradicen?

B. ¿Qué nos funciona bien?

- «¿Qué nos funciona bien?» quiere decir «¿qué funciona bien en nuestra relación y qué es lo que aprecio de la otra persona?».

- Quizá lo único que funciona bien es la voluntad de las dos partes para resolver el conflicto; podéis reconocer esto.
- Las investigaciones demuestran que las discusiones positivas ofrecen resultados positivos.

C. ¿Cuál es el peor escenario posible? Visualizad los hechos y los sentimientos.

- El peor escenario es un reflejo de los miedos más profundos de cada uno.
- Es la sombra detrás del conflicto real. Es lo que estás evitando o intentando que no ocurra.
- Cuando expones tus miedos, no solo se aclaran para ti mismo, sino que también le ofrecen a la otra persona la oportunidad de entenderlos y de empatizar con ellos.
- Si lo desglosáis en sus partes básicas, el peor escenario posible puede resultar ser el mismo para ambas partes.
- Dialogad sobre cómo la posibilidad de que el peor escenario se haga realidad nos motiva para buscar una solución.

Paso 3. La co-creación

A. Tú y la otra persona dialogáis y os preguntáis: ¿Cuál es el mejor escenario posible? Visualizad los hechos y los sentimientos.

- El mejor escenario es un sueño. Es la realidad ideal. Piensa creativamente.
- Utiliza técnicas de visualización para experimentar tu mejor escenario.
- Pregúntate: ¿Qué estoy haciendo? ¿Cómo me siento? ¿Cómo es mi entorno y cómo me hace sentir?
- Se ha demostrado que ejercitar la imaginación utilizando técnicas de visualización ayuda a facilitar la consecución de los resultados deseados.

B. ¿Qué obstáculos existen que nos impidan lograr el mejor escenario?

- Los obstáculos son los retos específicos que te impiden lograr el mejor escenario.
- Son las unidades más pequeñas que forman el conflicto real.
- Desglosar el conflicto real en unidades más pequeñas hace que la resolución sea más fácil.

C. ¿Qué podemos hacer para superar dichos obstáculos? ¿Quién hará qué cosa y cuándo?

- Primero diferencia los obstáculos entre aquellos en los que puedes influir y aquellos que están fuera de tu control. Céntrate en los que puedes controlar.
- A continuación, delega tareas. Pregunta: ¿Quién hará cada tarea?, ¿qué implican las tareas? y ¿cuándo se acabará cada tarea?

- Separa cada tarea en pasos pequeños para no abrumar a ninguna de las partes.
- Elabora un plan a largo plazo.
- Este paso garantiza la responsabilidad y da por concluida la conversación.

Apéndice

El método Nonflict

Paso 1. Entenderse a uno mismo y a la otra persona

- Comparte tu punto de vista del conflicto.
  ¿Cuál es el conflicto? ¿Cómo me hace sentir? ¿Qué es lo importante para mí?
- La otra persona refleja la esencia de lo que has dicho y te pregunta: ¿Te he entendido bien? ¿Hay alguna cosa más?

(Luego intercambiad los papeles y repetid las preguntas.)

Paso 2. Entender la realidad compartida

Tú y la otra persona dialogáis y os preguntáis:
- ¿Cuál es el fundamento real del conflicto?
- ¿Qué nos funciona bien?
- ¿Cuál es el peor escenario posible? Visualizad los hechos y los sentimientos.

Paso 3. La co-creación

Tú y la otra persona dialogáis y os preguntáis:
- ¿Cuál es el mejor escenario? Visualizad los hechos y los sentimientos.
- ¿Qué obstáculos existen que nos impidan lograr este mejor escenario?
- ¿Qué podemos hacer para superar dichos obstáculos? ¿Quién hará qué cosa y cuándo?

Plantilla de trabajo del método Nonflict

Nombre: ....

Nombre de la otra persona: ....

Paso 1. Entenderse a uno mismo y a la otra persona

Antes de empezar...

Comparte tu punto de vista del conflicto. Pregúntate:

1. ¿Cuál es el conflicto? ¿Cómo me hace sentir?

....

....

....

....

....

....

....

....

....

....

....

....

....

¿Qué es lo importante para mí?

....

....

....

....

....

....

....

....

....

....

....

....

Comparte tu visión del conflicto con la otra persona:

2. La otra persona refleja la esencia de lo que has dicho y te pregunta:

¿Te he entendido bien? ¿Hay alguna cosa más?

(Luego intercambiad los papeles y repetid las preguntas).

Mientras la otra persona comparte su punto de vista...

Toma apuntes para captar la esencia de lo que dice la otra persona. Céntrate en las ideas y los sentimientos claves; no anotes cada palabra. No pierdas el contacto visual.

Refleja la esencia de la otra persona

Paso 2. Entender la realidad compartida

Tú y la otra persona dialogáis y os preguntáis:

¿Cuál es el fundamento real del conflicto?

¿Qué nos funciona bien?

¿Cuál es el peor escenario posible?
Visualizad los hechos

....

....

....

Visualizad los sentimientos

....

....

....

....

....

....

....

....

....

....

Paso 3. La co-creación

Tú y la otra persona dialogáis y os preguntáis:

¿Cuál es el mejor escenario posible?
Visualizad los hechos

....

....

....

....

....

....

....

....

....

....

Visualizad los sentimientos

....

....

....

....

....

....

....

....

....

....

¿Qué obstáculos existen que nos impidan lograr este mejor escenario?

	¿Controlable?			¿Controlable?	
______________	**Sí**	**No**	______________	**Sí**	**No**
______________	**Sí**	**No**	______________	**Sí**	**No**
______________	**Sí**	**No**	______________	**Sí**	**No**
______________	**Sí**	**No**	______________	**Sí**	**No**
______________	**Sí**	**No**	______________	**Sí**	**No**

¿Qué podemos hacer para superar dichos obstáculos? ¿Quién hará qué y cuándo?

Tú

¿Qué? ¿Para cuándo? (fecha):

....

....

....

....

....

....

....

....

....

La otra persona

¿Qué? ¿Para cuándo? (fecha):

....

....

....

....

....

....

....

....

....

Anexo

El método Nonflict como promotor de cambios sociales

Ya hemos visto el increíble poder del método Nonflict en la resolución de conflictos. La introducción de su uso preventivo mediante reuniones estructuradas y continuas permite, además, abordar los problemas antes de que estallen. Las personas que entablan un diálogo se comunican con un elevado nivel de armonía y empatía y esto permite contemplar la posibilidad de generar un impacto a mayor escala en la sociedad en su conjunto. La pregunta clave es cómo hacer el mejor uso de esa herramienta tan poderosa y nos gustaría compartir a continuación algunos ejemplos de cómo esa transformación ya está en marcha.

La primera historia tiene lugar en la India. El estado de Maharashtra cuenta con 120 millones de habitantes, la mayoría concentrados alrededor de Mumbai. Abhijit Pawar, presidente de Sakal Media Group, dirige un gran grupo de medios de comunicación. Para él, la responsabilidad social está por encima de la simple caridad e imaginó, creó y patrocinó una organización, Tanishka (www.tanishkafoundation.org), para potenciar los derechos y la autonomía de las mujeres. Su sueño era crear un catalizador para ese movimiento de base que avivara y difundiera el cambio social.

En primer lugar, la organización identificó pequeños grupos de mujeres, por lo general en función de los lugares donde vivían. En algunos casos se trataba de mujeres que vivían en enormes complejos urbanos de viviendas con miles de vecinos. Organizadas en pequeños grupos de veinte, las animaron a reunirse una vez al mes en el centro del barrio. En otros casos se ofreció apoyo a mujeres de pueblos pequeños que ya habían establecido grupos informales para que crearan y gestionaran micronegocios.

Amir fue invitado a enseñar a los ejecutivos de Sakal cómo dirigir esos pequeños foros para generar el cambio. El objetivo era establecer una metodología que funcionara en un entorno de transformación social y tuviera un impacto positivo en cuestiones sociales que afectaban a esas mujeres, y que a la vez permitiera abordar sus asuntos personales.

Hoy en día hay más de 100.000 mujeres organizadas en grupos en el estado de Maharashtra y con sus cambios han impactado a millones de personas.

Los grupos Tanishka se reúnen una vez al mes. En esas asambleas cada participante explica qué le funciona bien y le proporciona energía positiva, así como aquello que le preocupa, tanto en su vida personal como en su comunidad. Después de que todas hayan intervenido, el grupo decide qué temas tratar y a continuación desarrollan un plan de acción con el método Nonflict:

Primero analizan cuál es el verdadero conflicto e identifican las causas y el fundamento real.

Acto seguido, se preguntan qué cosas funcionan bien alrededor del problema y deben ser valoradas o aquellas en las que se podría influir.

Con esta información, ¿cuál es el peor escenario posible?

¿Cuál es el mejor escenario posible?

Identifican los obstáculos que impiden lograr esa realidad ideal —aquellos que se pueden controlar—, y desarrollan un plan detallado de cómo superarlos y quién hará qué y cuándo.

El grupo también puede decidir tratar temas personales, identificando retos en sus vidas y en las de sus familias, y se examinan igualmente otros asuntos críticos en su entorno que pueden afectar sus vidas. Hemos oído que tratan problemas sociales y comunitarios de gran alcance en ámbitos tan diversos como la contaminación, el crimen, la violencia, la violencia doméstica, la seguridad para sus hijas, las oportunidades laborales para las mujeres; cuestiones vinculadas con el agua y el sistema sanitario, así como la calidad de la educación y el acceso a la misma para ellas y sus hijos.

En un pueblo, las mujeres desarrollaron una máquina para elaborar un pan tradicional indio cuya preparación es muy laboriosa. La idea era fabricar, vender y distribuir ese pan en los pueblos vecinos. Establecieron una infraestructura para su producción, administración, venta y entrega y con ello crearon empleos para numerosas familias.

A otro grupo le preocupaba mucho la contaminación y pensaron que podían hacer algo sencillo, práctico y de bajo coste en su realidad controlable e ideal. Cada familia plantó un árbol delante de su casa. Este acto de política de aire limpio les otorgó autoridad; fue un mensaje simbólico para los políticos de que su decisión era firme y condujo a que el gobierno local, a su vez, realizara cambios positivos.

El tema de la contaminación también fue abordado por otro grupo, en la ciudad de Pune, pero en su caso a través de la promoción del transporte público. Eligieron un día que bautizaron como «Día sin coches», y empezaron a promoverlo. Consiguieron los permisos necesarios, vallas para cortar las calles al tráfico y el imprescindible apoyo de la comunidad. Cuando llegó el «Día sin coches», esa ciudad de tres millones de habitantes funcionó únicamente con transporte público. Con su resolución, ingenio y habilidad comunicativa, lograron que la población reflexionara sobre este problema.

En algunos lugares de la India se considera preferible dar a luz a un varón que a una niña porque en muchas familias existe la creencia cultural de que los muchachos, que se convierten en adultos trabajadores, tienden a quedarse en casa y se hacen cargo de la responsabilidad financiera familiar. De las niñas, por el contrario, se espera que sean amas de casa. La costumbre es que la familia de la mujer pague una dote a la del novio, y la muchacha se vaya después a vivir con la familia de su marido. Con esta tradición, la familia de la mujer la pierde como posible fuente de ingresos y como ayuda para los ancianos de la familia en la vejez. En un pueblo, la atención del grupo local se centró en una mujer que había dado a luz a su tercera hija y cuyo marido se negaba a admitir a la pequeña en su casa.

La noticia se propagó rápidamente y las mujeres se dieron cuenta de que solo su intervención podría resolver esa situación. Entendieron que las palabras y la comunicación verbal no harían que el padre cambiara de parecer, así que el grupo organizó un horario de turnos para que la madre estuviera acompañada en todo momento. La ayudaron preparándole las comidas, cuidando de ella y del bebé, y durante ese tiempo le dieron ánimos al padre con amabilidad y afecto. Poco a poco, a medida que pasaban las semanas, el hombre le cogió cariño a su hija y su intransigencia se fue desvaneciendo. Cuando las mujeres relajaron su vigilancia, ya eran una familia unida y feliz, llena de gratitud y respeto por lo que habían hecho.

En el movimiento Tanishka no solamente utilizan el poder colectivo para tratar los problemas de sus miembros, sino que han descubierto la fuerza que poseen como grupo. Cuentan con vínculos con la administración regional en sus distritos electorales y saben que, si es necesario, pueden recurrir a los medios de comunicación y a las redes sociales para influir en sus políticos, en la policía o en el gobierno para llevar a cabo cambios.

El impacto es muy difícil de medir pero, tomando como referente las primeras elecciones regionales desde la fundación de Tanishka, los datos prueban que se ha producido un notable incremento en la cifra de mujeres votantes: de un porcentaje anterior del 50 % se ha llegado al actual 65 %.

Animado por los resultados de los grupos de mujeres, el Grupo Sakal se dio cuenta de que el mismo concepto podía aplicarse a los alumnos de los miles de universidades y escuelas profesionales existentes en la India. Los estudiantes suelen estar dispuestos a participar en grupos y redes de comunicación no solo para la vida social, sino también para impulsar cambios sociales en su comunidad. Y sabemos que los jóvenes son, a menudo, el motor de los cambios en el mundo, pues están dispuestos a dar voz a sus ideas y están comprometidos con sus convicciones, a pesar de los riesgos, para mejorar el mundo en el que viven.

En ese terreno, Abhijit Pawar encabezó una nueva iniciativa denominada «Jóvenes inspiradores» mediante la cual su empresa financió e hizo posible la creación de comités directivos en cada universidad como bases para la organización de grupos de veinte estudiantes. El propósito de esas agrupaciones es reunirse mensualmente en el campus, con un funcionamiento muy similar al de los grupos de mujeres. Allí se comparten temas de interés, tanto relativos a la universidad como a la comunidad, desde la seguridad de las mujeres por la noche en el campus o cómo poder regresar más tarde a sus domicilios, hasta las posibilidades de empleo para licenciados. En el más puro estilo de colaboración característico del método Nonflict, los proyectos se publican en la página web del grupo (yinforchange.org), para incrementar su difusión. El potencial de esos grupos está aumentando de manera exponencial, pues, a medida que se difunden las noticias, cada vez más estudiantes se suman a este proyecto de transformación. Hay 1.600 universidades inscritas en el estado de Maharashtra, donde se encuentra la sede de Sakal. En 2014, en el primer curso de formación, conducido por Amir, participaron más de quinientos líderes de grupo y ahora la meta es formar uno para cada una de las 1.600 universidades y escuelas profesionales que reúnen a más de un millón de estudiantes.

La siguiente historia tiene lugar en el corazón de la Ciudad de México. TV Azteca es una televisión que forma parte del imperio del Grupo Salinas, dirigida por Ricardo Salinas Pliego, quien siempre ha valorado la importancia de la televisión en la difusión de la información y la responsabilidad social corporativa como catalizador para el cambio nacional. Amir lleva más de veinte años trabajando con el grupo, en particular con Elisa Salinas, que dirige el departamento de producción de telenovelas de la cadena. Tanto Elisa Salinas como la empresa están comprometidas en la mejora de las vidas de las mujeres de México y, de hecho, crearon grupos de mujeres para llevar a cabo ese cambio. Los primeros grupos tuvieron tanto éxito que Elisa Salinas decidió invertir recursos de la cadena para crear un nuevo programa de televisión que promoviera el proyecto. Esa telenovela —una mezcla de serie de televisión y de *reality show*— captó el interés del público; los episodios, interpretados por actores profesionales, muestran las verdaderas historias de esos grupos de mujeres, sus conflictos resueltos con éxito y la transformación que están llevando a cabo en la sociedad.

Como en la India, una idea condujo a otra iniciativa y el detonador fue la pasión de Elisa Salinas por el boxeo muay thai. Se reclutó a un grupo de jóvenes instructores bajo el lema de «El deporte es tu banda», y formamos a esos jóvenes maestros utilizando el método Nonflict. Estos treinta instructores crearon un curso destinado a niños de entre diez y quince años que aúna las herramientas de comunicación del método Nonflict con el deporte y crea un divertido marco experiencial para el desarrollo de las habilidades. Los chicos, procedentes de familias con importantes problemas, se reúnen para entrenar y para hablar de los conflictos en sus vidas, empleando el método de comunicación desarrollado para ellos. En la actualidad, es un grupo muy unido por la confianza mutua, en el que se apoyan unos a otros como si formaran parte de una misma familia.

Esto solo es el principio de una comprensión más profunda de lo que sucede cuando un grupo se enfrenta a un conflicto, ya sea entre ellos mismos o con la comunidad; unos y otros se apoyan entre sí.

El uso del método Nonflict en la empresa: «foros Nonflict»

La capacidad del método Nonflict para transformar las empresas y sus culturas organizacionales es patente. Las personas, o los departamentos, que desempeñan una determinada función, tienden a centrarse en sus propias agendas, objetivos o prioridades, y en esas situaciones suelen adoptarse actitudes de unos contra otros. Eso hace que muchas organizaciones experimenten las nocivas consecuencias de departamentos que retienen información clave en lugar de compartirla, son reacios a las ideas surgidas fuera de su grupo o se niegan a tomar parte en actividades de las que no son oficialmente responsables.

Como líderes, tenemos el deber de crear un proceso con el que nuestro equipo pueda afrontar ese conflicto destructivo, pero también la oportunidad de crear proactivamente un entorno que evite que se convierta en una crisis. Es análogo a la manera en que la medicina holística aborda cómo vivimos y comemos antes de que desarrollemos una enfermedad que requiera una intervención quirúrgica.

El proceso que practicamos, basado en el método Nonflict, se conoce como «foros Nonflict» y reúne a directivos de los diferentes departamentos de la empresa para abordar las cuestiones que cada uno de ellos afronta. Esos encuentros tienen carácter regular —mensual, por lo general— y son especiales porque se llevan a cabo bajo una estricta confidencialidad.

En los foros Nonflict también se tratan temas personales. Sabemos que cuando alguien pasa por momentos difíciles en su vida íntima —por ejemplo si una persona cercana está enferma— su cabeza y sus sentimientos no pueden estar verdaderamente por la labor. La auténtica atención de unos hacia otros, cuando todos los participantes saben que pueden contar con el apoyo del grupo, crea una enorme confianza e incluso gratitud.

A lo largo de los años hemos implementado foros Nonflict en empresas de diversos lugares del mundo y uno de nuestros clientes, Chip McElroy, afirmaba recientemente al respecto en un artículo en la revista *Ignite* de la YPO:

> Hemos vivido tres años de récord, con un crecimiento continuado combinado con una mayor definición de nuestros objetivos.

Diría que ha tenido un profundo impacto en mí tanto personal como profesionalmente. Estamos más centrados y somos más disciplinados en la planificación, y aún más, incluso, en el seguimiento de la misma. También somos más concisos y específicos en los objetivos que intentamos alcanzar.

Otro director general, Smoke Wallin, ha afirmado: «Los beneficios incluyen [...] la creación de un ambiente de trabajo compartido y la inexistencia de miembros "dominantes" de los equipos que asfixian a los demás. Esto no solo permite que cada individuo aporte más, sino que alcanza también a sus familias cuando trasladan ese aprendizaje y esas experiencias a sus hogares».

El proceso del foro Nonflict en la empresa empieza con el comité directivo liderado por el director general y con la asistencia de algunos cuadros clave que les informan a ellos directamente. También existen otros foros en los que participan miembros de diferentes departamentos dirigidos por un mediador rotativo.

Veamos aquí de forma sintética la forma en que lo han implementado muchas organizaciones:

La reunión comienza con una dinámica para romper el hielo, que conecta a los participantes y hace que se concentren en la actividad. Acto seguido, se procede a una introspección personal centrada en tres aspectos:

1. Yo mismo.
2. El área que dirijo o a la que pertenezco.
3. La organización en su totalidad.

Cada participante explica sus experiencias, el mayor éxito en ese período, hechos ocurridos de los que se siente orgulloso o que despiertan su entusiasmo, o retos que consumen su energía y no le dejan pegar ojo. Finalizadas todas las intervenciones sin interrupciones, cada participante identifica el tema que necesita tratar ese día.

En ese punto se aplica el método Nonflict individualizado, que puede conducir a la resolución de la cuestión por uno mismo o a necesitar el apoyo de los demás.

El grupo decide las cuestiones que se abordarán en sucesivas reuniones y en qué asuntos pendientes de resolver trabajarán juntos. Esas personas se convierten en los «presentadores».

La primera persona que lleva a cabo su presentación interviene sin interrupciones, compartiendo sus respuestas siguiendo el método Nonflict, y concluye con una petición relativa a un área en concreto que el grupo puede explorar. Los demás integrantes del grupo le plantean preguntas clarificadoras y que invitan a la reflexión.

A continuación, los miembros del grupo comparten experiencias parecidas y lo que aprendieron de ellas o cómo abordaron sentimientos y situaciones similares.

Debe reinar un ambiente de confianza y transparencia, sin llegar a dar consejos directos o decirle al otro lo que debe o no debe hacer. Cuando alguien nos dice lo que tenemos que hacer, a menudo nos resistimos, pues nos sentimos juzgados, criticados o incluso menospreciados.

Luego, cada participante comparte con quien ha llevado a cabo la presentación un mensaje de estímulo, recordándole la fuerza y los elementos con los que cuenta para superar el asunto que tiene entre manos. Finalmente se pregunta al presentador cómo se siente, qué tiene previsto hacer con respecto a la cuestión y si necesita un compañero que colabore con él para asegurar la ejecución y la responsabilidad.

El mediador clausura la reunión con la evaluación del grupo y la ratificación de lo aprendido, el valor obtenido y un recordatorio de confidencialidad.

Los miembros de esos grupos se unen en torno a una nueva cultura organizacional de transparencia, confianza y atención al éxito del prójimo, promovida por el modelo de sus líderes. Y, a medida que las personas ven el poder del diálogo estructurado en los foros Nonflict, muchas de ellas trasladan estos principios de comunicación —y en algunos casos la propia estructura de la reunión— a sus hogares y los utilizan en el marco familiar. En esos casos, el diálogo se centrará en uno mismo, la familia y las amistades, la escuela o el trabajo.

Dado que la implementación de los foros Nonflict de forma eficaz requiere explicaciones más prolijas que las que podemos ofrecer en este volumen, no dudes en contactar con nosotros a través del correo electrónico info@millionpeacemakers.org para acceder a una información más amplia.

El poder de la empatía: una historia memorable del lugar donde todo comenzó

Amir: Estábamos celebrando una intensa reunión acerca del conflicto en el que esperábamos influir y, a medida que hablábamos, parecía que nos estuviéramos acusando unos a otros. A todos nos resultaba difícil entender cómo era la vida para los que vivían en el otro lado. Y cada bando se sentía invisible ante el otro.

Faltaba un elemento crucial: la dimensión emocional.

Los presentes analizaban de forma racional la situación, pero no se implicaban plenamente porque no compartían el impacto que tenía en quiénes eran. Esas personas eran líderes en sus comunidades y tenían influencia en sus países, pero, como mediador, vi que debíamos hacer algo diferente y, en un momento de desesperación, se me ocurrió cómo crear una mayor empatía y profundizar en la comprensión.

Les pedí que formaran cinco grupos. Un grupo representaría al mundo árabe. Después del 11-S, sus miembros sentían mucha hostilidad cuando viajaban por el mundo y particularmente al hacerlo a Estados Unidos.

El segundo grupo sería el estadounidense, que ahora sentía una intenso odio por parte del mundo árabe y se sentía atacado.

El tercer grupo sería el israelí, y queríamos que quedara patente la diferencia entre los colonos de Cisjordania y el resto de los israelíes. Decidimos elegir a los de la ultraderecha.

El cuarto grupo sería el palestino, diferente del mundo árabe, y que requería estar representado en esta situación.

Finalmente, el quinto grupo sería el resto del mundo, que observaba el conflicto y se veía afectado por el mismo.

La idea era ponerse en el lugar del otro. Para ayudarles a entender cómo se sentían los miembros de cada grupo de esas diversas identidades, les pedí a algunos miembros de uno y otro lado que explicaran a sus nuevos compatriotas cómo era vivir en su mundo bajo su punto de vista.

Así, un árabe representó a un colono de Cisjordania, un israelí a un palestino, un árabe a un estadounidense y viceversa.

El primero en hablar fue un miembro de la parte árabe, que representaba al colono de Cisjordania. Cuando se puso en pie y comenzó a hablar, alzó la voz y habló con mucha elocuencia, describiendo el punto de vista, los argumentos y sentimientos que formaban parte del mundo de los colonos. Nos quedamos boquiabiertos. Entre otras cosas, dijo: «Esta es nuestra tierra, donde hemos vivido durante más de cuatro mil años. ¿Quiénes sois vosotras, tribus errantes, para reclamar esta tierra que ha sido nuestra, concedida por Dios y que hemos civilizado durante miles de años? Después de que el mundo nos diera la espalda como pueblo judío, masacre tras masacre, culminadas en el Holocausto, este es el único lugar en el mundo al que podemos llamar nuestro hogar y nuestra patria, donde nos sentimos seguros. Esta es la tierra que merecemos defender. Solo tenemos este pequeño trozo para los judíos, mientras el mundo musulmán, con sus cientos de millones, cuenta con veintidós países que nos rodean. Nos merecemos esta patria y nos merecemos vivir en ella, en el lugar donde siempre vivieron nuestros antepasados, en la tierra de Israel, que incluye Cisjordania».

Al acabar su discurso, la sala se sumió en un dramático silencio. Nos dimos cuenta de que había ocurrido una cosa muy importante: la otra persona realmente nos entendía y comprendía nuestro dolor.

Muchas veces, cuando nos hallamos inmersos en un conflicto, afirmamos que no se nos comprende y exclamamos: «¡No me entiendes!». Pero en aquel momento, al escuchar la asombrosa intervención de ese miembro del grupo, nos dimos cuenta de que realmente sabía cómo de sentían los del otro lado. Y se creó un sentimiento de comprensión y de vínculo como no se había experimentado hasta el momento.

A continuación se puso en pie un israelí que representaba a los palestinos. El orador era un piloto veterano de las fuerzas aéreas que había participado en las guerras israelíes y todos le miramos atentamente, en particular sus compatriotas, para ver si de verdad sería capaz de expresar cómo se sentía un palestino. Al empezar a hablar, decidió encarnar a un joven al que detenían en un control militar en la carretera y veía cómo interrogaban a su anciano padre de una manera muy agresiva. Sentía que aquel joven soldado israelí le había faltado al respeto a su padre y le había maltratado. La perspectiva del joven palestino nos hizo saltar las lágrimas a varios de nosotros, que pudimos ver el dolor provocado por la humillación en esa situación. Y entre los árabes presentes se hizo un absoluto silencio al darse cuenta de que se trataba de un momento único en el que se comprendía por completo su dolor.

La siguiente persona en tomar la palabra fue un estadounidense, que habló encarnando a un árabe. Describió lo que sentía al pasar por el control de seguridad aeroportuaria para tomar un avión con destino a Estados Unidos. Explicó la humillación de ser identificado y obligado a ser sometido a un registro minucioso, detrás de una cortina para comprobar que no llevara ninguna bomba encima. Cuando describió cómo sentía que era visto como una amenaza y que percibía el miedo en los ojos de quienes se cruzaban con él, quedó patente que todas las partes estaban sufriendo.

Luego le llegó el turno de palabra al árabe que representaba a un estadounidense. Pudo leerse claramente el miedo en sus ojos cuando descubría la experiencia de vivir en Estados Unidos después del 11-S. Dijo que Estados Unidos era un país que representaba paz, armonía y buena voluntad, y que no entendía cómo se había convertido en blanco de una matanza tan odiosa y sin previa provocación. Y habló del terror que le producía pensar que nunca más podría sentirse seguro en su propio país.

De nuevo se hizo el silencio en la sala, en un ambiente de reflexión. Los asistentes se dieron cuenta de que se hallaban en presencia de seres humanos que podían entenderles de manera racional y —aún más importante— emocional.

La empatía hizo entonces acto de presencia en la sala y con ella llegó la aceptación de unos y otros como personas y la validación de sus diversos puntos de vista. En ese momento estuvimos preparados para preguntarnos a nosotros mismos y a los demás qué esperábamos del futuro.

¿Y ahora qué?

Gracias a la amplia ejecución de los talleres del método Nonflict que hemos creado, tenemos la fortuna de ser testigos de muchos cambios en diversos países. La formación que ofrecemos comienza con el aprendizaje de habilidades para escuchar de manera activa y emplearlas al enfrentarse a los conflictos personales. A medida que avanza el curso, se incrementan las destrezas de los participantes, permitiéndoles abordar problemas personales mayores. Además, algunos talleres culminan trabajando en soluciones a conflictos entre naciones desde una perspectiva personal. Así, los participantes y los mediadores no solo alcanzan el éxito utilizando nuestra técnica en diversas situaciones, sino que logran sentir la empatía como no la habían experimentado antes, y ese es uno de los puntos clave de nuestro método. Hemos obtenido unos resultados notables y significativos al emplear nuestro método en conflictos de índole interreligiosa; en conflictos entre israelíes y el mundo árabe y palestino; entre turcos y griegos, así como entre indios y paquistaníes.

Nos inspira el cambio patente cuando uno deja de ser la víctima de un conflicto y se vuelve proactivo, utilizando un sistema estructurado de diálogo mediante el método Nonflict. Nos asombran la fuerza y las sinergias generadas en los grupos que hemos conocido en el momento en que logran entenderse mejor, tanto a ellos mismos como a los otros. Cuando las personas se dan cuenta de que no están solas y de que comparten muchas cosas importantes para ambas partes, son capaces de co-crear soluciones innovadoras. Al abrirnos, al escucharnos y al entendernos de verdad fortalecemos nuestras familias, nuestras comunidades y a nosotros mismos.

Lo único necesario es una idea, conocer las herramientas expuestas en este libro, practicar y confiar en ser capaz de llevarla a cabo.

Puedes ponerte en contacto con nosotros en millionpeacemakers.org y compartir allí tanto tus éxitos como tus retos.

Agradecimientos

El lugar donde suelen ponernos a prueba los conflictos es en nuestro propio hogar y, como tantas otras personas, no soy la excepción. Quiero dar las gracias a mis padres, Ruth y Aharon Kfir, y a mis hermanos, Anat y Shalom, que me han servido de ejemplo al lidiar con los conflictos y para mantener unida a la familia con amor y armonía. Mi padre —un excelente orador que sabe contar muy bien historias— es un profesor universitario que ha enseñado resolución de conflictos a lo largo de sesenta años y ha sido un modelo en el arte del enfoque equilibrado y de la integración del conflicto real y el imaginario. Mi madre nos enseñó a amar y a cuidar a la familia y a las amistades, y puso en práctica las enseñanzas de mi padre con nosotros.

A mi familia —mi mujer, Sorana; mi hija, Ronnie, y mi hijo, Gil—, que siempre habéis sido aquellos con los que esta práctica ha tenido más sentido para mi bienestar y sois la fuente de amor y energía en mi vida.

A Dana de Pietro, Talma Maestro y Eva y Ofir Kedar por ayudarme a actualizar la visión. A mis amigos en Peace Action

Network y los importantes foros de paz que hemos llevado a cabo juntos, y cuyos nombres no puedo revelar por razones de confidencialidad, porque fuisteis los catalizadores en el desarrollo de esta metodología y me ofrecisteis la oportunidad de conducir complejos foros de conflicto hacia un diálogo de paz. Me habéis demostrado el poder de los foros de acción en algunos de los conflictos más difíciles del mundo.

A Bobby Sager, que ha sido pacificador, mentor y compañero de viaje, y me ha ayudado a mantener viva la pasión por cambiar el mundo.

A los líderes del mundo de los negocios que me han ofrecido la oportunidad de desarrollar esta metodología y la práctica de la transformación social, empresarial y personal: la difunta Anita Roddick, Takis Gerolymatos, Assaf Ben Dov, Chip McElroy, Christian Stammkoetter, Elisa Salinas, Erez Meltzer, Kirill Liseyev, Liat Aronson, Einat Rot, Abhijit Pawar, Patrick Ghiridim, Ran Poliakine, Ulysses Kyriacopoulos, Yoki Gil y Norm Asbjornson.

A mi amigo y compañero, Stephen Hecht, por ayudarme a hacer realidad este libro. Por el apoyo de su extraordinaria familia, su pasión y su decisión para pasar a la acción, y por su sueño de enseñar a las masas el método Nonflict.

Gracias a todos por darme la oportunidad de aprender y compartir.

Amir

Gracias a mi increíble mujer, Naomi, por quien doy gracias cada día; a mis hijos, de los que me siento muy orgulloso: Jacqueline,

Alex, William y Jonathan, que también me ayudaron mucho en la edición del libro; a mis hijastros muy especiales, Elliot, Gabriel y Gregory —que inventó la palabra «Nonflict»—; a mis padres que cada vez son más sabios mientras que yo me hago más viejo; a mis hermanos, Clifford y Janice, con quienes viví muchos conflictos mientras crecíamos pero que, a pesar de nuestras personalidades tan distintas, se han dado cuenta de que lo que de verdad importa es la familia; a Ching, Kallee y Alicia; Devan Kapur, Raj Mitta, Michalis Michael, Sherri Magee, Mike Watson, Greg Milne, Jay Rothman, Peter Coleman, Alan McLaren, Dick Simon, Ab Freig, Paul Hayman, Jason Rogers, Catie Ashley, Harvey Beck, Jason, Chloe y Tote Axmith, Nadine Noordin, Lauren Hoffmeister, que han tenido una influencia directa o indirecta en el libro; a mis amigos de los foros, pasados y presentes, que ayudaron a ensayar las técnicas de resolución en grupo; a Adrian, Alain, Dan, Brian, Jean, Rod, Johanne, Richard y Robert; a mis maestros de religión y mentores, el rabino Chaim Steinmetz, el padre John Walsh y el imam Zijad Delic, que están trabajando juntos para ayudarnos a entendernos los unos a los otros (véase su blog en faithblender.com); a Frederic Latreille, Alex Gauthier, Stephane Ethier, Emal Elsana Alh'jooj, Francesco Lombardo, Stanley y Dominique Dumornay, Lesley Anne Brown, Anne Beliveau, Michelle Bernard, Tamisha Harris, Laura Giadorou-Koch, Solmaz Meghadi, Jon Moyal, Nida Nizam, Hanya Omar, Declan Ramsaran, Mark Sadovnick, Jay Shetty, Ximena Veliz, Rolando Gadala-María, Luis Gallaro, Rod Perry, Vincent Valeri y Marisa Samek, por compartir su talento, pasión y compromiso difundiendo el método Nonflict a través de Million Peacemakers; a Pascal Bertrand por sus reveladoras ilustraciones; a Penguin Random House y en particular a Estefanía Díaz, Carlos Martínez y Joan Riambau; a Marissa Madill de Smith Publicity y a los numerosos miembros de la YPO y a todos los *peacemakers* que ayudan a co-crear un mundo en paz.

Y gracias a mi nuevo socio en paz, Amir, a quien me enorgullece poder llamar «amigo».

Finalmente, este libro está dedicado a todos los que convierten el conflicto en Nonflict.

STEVE

El papel utilizado para la impresión de este libro
ha sido fabricado a partir de madera
procedente de bosques y plantaciones
gestionados con los más altos estándares ambientales,
garantizando una explotación de los recursos
sostenible con el medio ambiente
y beneficiosa para las personas.
Por este motivo, Greenpeace acredita que
este libro cumple los requisitos ambientales y sociales
necesarios para ser considerado
un libro «amigo de los bosques».
El proyecto «Libros amigos de los bosques» promueve
la conservación y el uso sostenible de los bosques,
en especial de los Bosques Primarios,
los últimos bosques vírgenes del planeta.

Papel certificado por el Forest Stewardship Council®

FSC www.fsc.org
MIXTO
Papel procedente de fuentes responsables
FSC® C117695